聚焦服务，以客户为中心。

超越简单传统的价格拼杀单一模式，创造不可替代的组合竞争优势。

客户至上

以客户为中心

黄 涛 孙法平◎编著

拥抱你的客户，倾听客户心声，满足客户需求，客户想要的我们都替他们想到了，让客户不断收到意外“惊喜”，揭示赢得客户的全部小秘密！

企业管理出版社
ENTERPRISE MANAGEMENT PUBLISHING HOUSE

图书在版编目（CIP）数据

客户至上：以客户为中心 / 黄涛，孙法平编著. --北京：企业管理出版社，2018. 1

ISBN 978-7-5164-1630-3

Ⅰ. ①客… Ⅱ. ①黄…②孙… Ⅲ. ①企业管理－销售管理 Ⅳ. ①F274

中国版本图书馆 CIP 数据核字（2017）第 295992 号

书　　名：客户至上：以客户为中心

作　　者：黄　涛　孙法平

责任编辑：郑　亮　田　天

书　　号：ISBN 978-7-5164-1630-3

出版发行：企业管理出版社

地　　址：北京市海淀区紫竹院南路 17 号　　邮编：100048

网　　址：http://www.emph.cn

电　　话：编辑部（010）68701638　发行部（010）68701816

电子信箱：qyglcbs@emph.cn

印　　刷：北京柯蓝博泰印务有限公司

经　　销：新华书店

规　　格：170 毫米×240 毫米　16 开本　14.5 印张　195 千字

版　　次：2018 年 1 月第 1 版　2018 年 1 月第 1 次印刷

定　　价：39.80 元

前言

Preface

今天的市场已经成为客户主导的市场。客户关系是企业最重要的战略资源，建立稳固的企业客户关系是企业赢得竞争，获得持续发展，实现利益最大化的根本途径。只有紧紧围绕“客户至上”的核心理念，真正了解客户需求，才能获得不断的发展。可以说，一切工作都应该围绕一个核心：客户至上。在市场大潮中，许多企业失去了立足之地，淹没在洪流中，这些失败的企业大都是因为忽视了“客户至上”这一法则而走上不归路。

在过去的市场竞争中，产品和价格是竞争的焦点，成功的企业始终把产品和价格的竞争力构建作为最重要的企业战略。但是，他们发现要想持续地保持产品和价格的竞争优势变得越来越困难；产品同质化、成本趋同化使企业长期倚重的竞争优势逐步丧失，企业的成长面临着严峻的挑战。在这种情况下，企业必须重新审视与客户之间的关系。传统的观念往往把客户作为产品销售的对象，把全部的注意力放在销售手段和方式上，甚至不惜与竞争对手在同质化极高的状况下进行恶性的竞争。但如今的战略则是一切以客户为中心，注重客户的边际价值和隐性价值，通过细分市场和个性化地满足客户，建立稳固的企业客户关系。

因此，面对激烈的市场竞争，越来越多的企业开始关注客户服务，把“客户至上”作为重要的服务理念，主动靠近客户，并以客户的需求和利益为中心，最大限度地满足客户的需求。

客户是交易的主导者，客户决定是否选择购买商品或服务，客户满意才能赢得客户。因此，客户的满意是我们每一个企业和员工追求的最大目标。唯有客户满意，方能成就卓越。企业的一切经营活动必须围绕着发现、保持和留住客户，无论是产品研发、市场营销、客户服务还是产品交付等不同运营环节都应以客户为导向，并建立以客户为导向的目标。所以，一切以客户为中心成为企业竞争力的重要体现。

企业只有真正把以客户为中心的理念落到实处，凝聚起每个员工的不懈激情与智慧，不断通过优质创新产品、系统性解决方案及良好服务来为客户创造价值及价值增值，才能在与客户的共同成长中实现企业的可持续发展。因此，我们特意编写了《客户至上：以客户为中心》一书。本书内容丰富，简单实用，倡导客户至上的服务精神和一切围绕客户的工作方式来贴近客户，了解客户所需，满足客户所求，与客户共同成长。本书不仅可作为一线员工的工作培训手册，也可作为每一个重视客户服务的经营管理者的学习参考书。

目录

Contents

第一章　真诚对待客户，客户是“上帝”，更是朋友

员工和客户要保持一种认真、务实、诚信的态度。员工与客户的关系好比鱼和水，只有两者真正地建立朋友关系才能双赢。我们应把客户当作自己的朋友，真诚对待每一位客户，竭诚服务。把一个客户谈成你的朋友，有时候是一件很有成就感的事情。也许，这个朋友会带给你更多的生意，毕竟资源共享才能越做越大。

第二章　注重职业礼仪，赢得客户的认可和喜爱

礼仪是人际交往的前提条件，是和谐工作的钥匙。注重职业礼仪有利于员工与客户建立良好的人际关系，形成和谐的心理氛围。在工作中，有修养、有礼貌的人，才会赢得客户的尊重、喜爱、赞同和认可，让生活更美好，让人们更亲近，让世界更温情。

第三章　做好客户沟通，倾听客户心声

客户沟通是员工最重要的工作任务之一，一切工作都是建立在人与人之间的沟通上的。一个人的沟通能力往往决定着他的办事能力！在职场上，也许一件很普通的小事，由于沟通的水平不同，所获得的效果和回报也大不相同。因此，企业越来越认识到沟通在客户服务中的价值，也要求员工具备有效的沟通能力，做好客户沟通。

第四章　观察客户特征，满足不同客户的心理期望

客户之所以购买商品，除了满足其基本生活所需之外，更是对自己心理需求的满足。销售员要想把自己的商品销售出去，就必须观察客户特征，了解客

户的心理，让客户愉快地、满意地购买到自己喜欢的商品，才能够赢得客户的心，使自己受到欢迎和青睐，也给自己带来巨大的利益。

第五章 强化服务意识，给客户提供完美周到的服务

面对激烈的市场竞争，越来越多的企业开始关注客户服务，把客户至上作为最重要的服务理念，去主动靠近客户，并以客户的需求和利益为中心，急客户之所急，想客户之所想，提高客户的满意度。因此，强化服务意识，给客户提供完美周到的服务是企业竞争力的重要表现。

第六章 排除客户异议，增强客户对企业的忠诚度

处理客户异议是一门艺术。当遇到客户提出异议时，处理稍有闪失就可能让一单生意泡汤！因此，要想取得好成绩，就要有娴熟的技巧和巧妙的办法，不仅要抚平客户的抱怨、置疑，维护好自己、产品和企业的形象，而且能够同

时挖掘到客户真正的需求，从而排除客户异议，达成交易，增强客户对企业的忠诚度。

第七章 正确应对投诉，掌握处理客户投诉的技巧

有些企业最怕听到客户的抱怨、投诉，认为这是麻烦的事情。事实上不是这样的，客户投诉是企业了解客户满意和忠诚的一个窗口。正确处理客户抱怨和投诉，具有吸引客户的价值。妥善、高效地处理客户投诉，不仅能避免一些法律问题，挽回眼前的损失，更重要的是可以重塑客户对企业的信心。

第八章 专注客户创新，满足客户所需，制造客户所求

创新是一种锐意进取的精神面貌，是一种勇于探索的工作态度，是一种不断追求卓越、追求进步、追求发展的理念。唯有坚持创新，满足客户所需，制造客户所求，才能长期获得客户的认可，在获取利润的同时，也为客户创造了

价值，才能实现企业业务的突破与长远发展。

第九章 紧跟“互联网 +”时代，从客户中来到客户中去

互联网已经渗透到各行各业，给各行各业带来了深刻的改变。“互联网 +”就是“互联网 + 各个传统行业”，但这并不是简单的两者相加，而是利用信息通信技术及互联网平台，让互联网与传统行业进行深度融合，创造新的发展生态。我们也要紧跟“互联网 +”时代，从客户中来到客户中去，以客户为中心做好一切工作。

第一章 真诚对待客户，客户是“上帝”，更是朋友

员工和客户要保持一种认真、务实、诚信的态度。员工与客户的关系好比鱼和水，只有两者真正地建立朋友关系才能双赢。我们应把客户当作自己的朋友，真诚对待每一位客户，竭诚服务。把一个客户谈成你的朋友，有时候是一件很有成就感的事情。也许，这个朋友会带给你更多的生意，毕竟资源共享才能越做越大。

1. 每一位客户都是你的“上帝”

在市场中，很多商家都向员工传输这么一个思想：“客户是上帝。”我们的工作就是为每一位“上帝”提供最好的、专业得体的服务。“客户是上帝”并不意味着我们是奴仆。因为，在现实生活中，我们每个人都是客户，因而从这个角度讲，我们同样也是“上帝”。“客户是上帝”也并不意味服务人员只有付出和牺牲。因为，人的情感总是相互的。当你给予客户关心、理解和尊重时，往往同时也赢得了客户的关心、理解和尊重。“爱人者，人恒爱之；敬人者，人恒敬之。”如果你能让客户觉得你是一个和蔼可亲的、富于人情味的人，你越来越会发现，客户也都是这样的人。所以，我们要牢固树立客户至上的理念，以客户为本。

作为一种理念，“客户就是上帝”应追溯到19世纪中后期的马歇尔·菲尔德百货公司。一般认为，这家公司的创始人马歇尔·菲尔德和他当时的手下，后来创建了英国塞尔弗里奇百货公司的哈里·戈登·塞尔弗里奇一同提出了“客户总是对的”这一影响深远的理念。同时，马歇尔·菲尔德百货公司还将零售业当时所奉行的客户自慎，即商品一旦出售概不负责的原则，改为无条件退货。并在商店设置凳子等便民设施，让那些在购货时犹豫不决的客户坐一坐，并建立了休息区，供过于疲劳或者兴奋的客户稍事休息以便有精力继续采购。

“客户总是对的”体现的是一种把客户置于工作中心，不仅出售商品并且出售服务的营销思路。在19世纪那个现代服务业还不甚发达的时代，这种营销手段自然大获成功，甚至被服务业所接纳，成为一种新的准则。后来塞尔弗里奇在英国创办百货公司，就是继承了这种理念并再次获得成功。

“客户就是上帝”说的是对待客户要像对待“上帝”一样恭敬地为之服务。这倒不是什么人的本性，而是生存竞争使然。没有好的服务就不会有客人，没有客人商场和工厂就没有办法生存，特别是在英国这个竞争非常激烈的国家。所以，各个商家无不使出各种手段来拉拢客人。比如在美国的大型商店，只要你买了物品，不管是多少钱，在规定时间内都可以退换。所以有些“聪明”的旅游者来美国后，租一个房间，然后就到商场大肆采购电视、音响、家具、厨房用品、电冰箱、计算机等商品。用了一段时间，假期也过完了，雇一辆货车再将买的东西全部退回商店。商店都是二话不说全部接收，全款退还给你，只当你白用了。有的商场也许会问你为什么，你只要说“我不喜欢”就可以，但大多数商场并不会问你原因。可谓无理由退货。

“客户就是上帝”是市场提倡的理念，但总有一些员工做得不好，比较急功近利，当看到一些土豪型客户时，就会迫切地走向前去与其套近乎，恨不得立马让对方成为自己的客户。可是面对那些衣着一般，其貌不扬的人就不爱搭理，感觉这样的人肯定没有钱，也不值得浪费感情。其实，不管是什么样的客户都是你的“上帝”，虽然一些人不可能给你带来利益，但任何的怠慢和忽略都是不礼貌的行为，更何况，一些看似其貌不扬的人不能说明其没有钱，而那些衣着华丽、开着豪华车的人也不见得一定有钱。所以，每一位客户都是你的“上帝”，我们要在服务每一位客户时都不要有高下之心。不管他是什么身份，从事什么职业，都应该予以尊重。只要你做到公平公正，热情周到，或许你就可以获得一个意想不到的机会。

一天晚上，维克多在店里收拾，第二天他将和妻子一起去度假。他打算早早地关上店门，以便为度假做准备。突然，他看到店门外站着一个年轻人，面黄肌瘦、衣衫褴褛、双眼深陷，一个典型的流浪汉形象。

维克多是个热心肠的人。他走了出去，对那个年轻人说道："小伙子，有什么需要帮忙的吗?"

年轻人略带腼腆地问道："这里是维克多食品店吗?"他说话时带着浓重的墨西哥口音。"是的。"

年轻人更加腼腆了，低着头，小声地说道："我是从墨西哥来找工作的，可是整整两个月了，我仍然没有找到一份合适的工作。我父亲年轻时也来过美国，他告诉我他在你的店里买过东西，喏，就是这顶帽子。"

维克多看见小伙子的头上果然戴着一顶十分破旧的帽子，那个被污渍弄得模模糊糊的"V"字形符号正是他店的标记。"我现在没有钱回家了，也好久没有吃过一顿饱饭了。我想……"年轻人继续说道。

维克多知道了眼前站着的人只不过是多年前一个客户的儿子，但是，他觉得应该帮助这个小伙子。于是，他把小伙子请进了店内，好好地让他饱餐了一顿，并且还给了他一笔路费，让他回国。

不久，维克多便将此事淡忘了。过了十几年，维克多的食品店越来越兴旺，在美国开了许多家分店，于是他决定向海外扩展，可是由于他在海外没有根基，要想从头发展也是很困难的。为此维克多一直犹豫不决。正在这时，他突然收到一封从墨西哥寄来的信，原来写信的正是多年前他曾经帮过的那个流浪青年。此时那个年轻人已经成了墨西哥一家大公司的总经理，他在信中邀请维克多来墨西哥发展，与他共创事业。这对于维克多来说真是喜出望外，有了那位年轻人的帮助，维克多很快在墨西哥建立了他的连锁店，而且发展得非常成功。

维克多可谓是把客户当作“上帝”的出色范例。树立把客户当作“上帝”的理念就要从最基本的做起，诚心为客户服务，始终以客户为中心，设身处地地为客户着想。因此，我们员工对待客户一定要真诚，工作上把每一个跟你接触的人都当作是你的客户，处处为他们着想，这样你才会有更好的人缘和生意伙伴。

2. 诚信是获得客户信赖的秘方

诚信是诚实和守信的合称，是中华民族的传统美德。它既体现一个人的个性、价值取向，又与企业的客户商誉价值紧密相关。诚信是百行之源，也是成事之本。长期诚实守信的结果是能够赢得客户的信任，让客户相信而敢于托付。在客户工作上，诚信对个人和团队都重要，因为诚信，客户才会放心给我们订单和竞争机会。作为员工，应具有诚信精神，凡事做到精益求精，完成本职工作，切不可弄虚作假，偷奸耍滑，欺骗客户。只有以诚实的态度对待客户，方可赢得客户的信任。

一位著名的大企业家曾经讲过一个关于他自己的故事：他在一家小电器商行当销售员的时候，那时他的业绩非常糟糕，很长时间内甚至没有业绩。但他并不灰心，他坚信他是世界上最好的销售员。他就这样鼓励着自己坚持做下去。

后来，在不懈地努力下他终于销售出公司的商品，并且和许多客户建立了友谊。可是不久后，他发现自己的商品比别家的贵，而且质量上也比不上其他商家的商品。他感到极度不安，生怕自己的客户知道后，和他断绝交易。他思考了很久后，决定挨个拜访自己的客户，把发现的情况和他们坦白，以获得他们的谅解。

他的这种行为深深地打动了他的客户，他们不但没有断绝和他的交易，还向他预约了很多新产品。

这个故事说明了什么呢？是什么打动了他的客户呢？毋庸置疑，是诚信让他获得了成功。世界上许多大企业的创始人都说过相同的一句话，那就是为人处世首先要讲求诚信，以诚待人才会赢得别人的信任。事实也确实如此，离开了诚信，我们所做的一切其实都是无根之花，无本之木。

诚信是为人处世的基本原则，是取信于客户的良策，是处世立身、成就事业的基石。从这种意义上说，诚信就是财富。甚至有人说，诚信比一切东西都要有价值。诚信是无价之宝。只有坚持诚信原则的人，才能赢得良好的声誉。他人也才愿意与其建立长期稳定的交往，他才能获得成功。

美国心理学家安德森曾经做过一个试验，他制定了一张表，列出550个描写人的品性的形容词，让大学生们指出他们所喜欢的品质。试验结果明显地表现出，大学生们评价最高的性格品质不是别的，正是“真诚”。在8个评价最高的形容词中，竟有6个（真诚的、诚实的、忠实的、真实的、信得过的和可靠的）与真诚有关，而评价最低的品质是说谎、装假和不老实。安德森的这个研究结果具有现实意义。在交往中，人们总是喜欢诚恳可靠的人，而痛恨和提防口是心非、虚伪阴险的人。真诚无私的品质能使一个外表毫无魅力的人增添许多内在吸引力。因此，对待客户心眼实一点，守信一点，能更多地获得他人的信赖、理解，能得到更多的支持、帮助和合作，从而获得更多的成功机遇。

奥斯曼·艾哈迈德出生在埃及伊斯梅利亚城的一个贫苦家庭。他幼年丧父，因受舅父影响，幼年时就想当一名建筑承包商。

1940年，奥斯曼大学毕业，身无分文，却想实现多年来的梦想——当承包商。为了筹集资金学习承包业务，他先到他舅父那儿当帮手。在工作中，他注意积累工作经验，常常到施工现场了解提高功效、节省材料的方法。1942年，奥斯曼离开舅父，开始实现他的承包商之梦。奥斯曼根据在其舅父承包行的工作经验，确立了“谋事以诚，平等相待，信誉为重”的经营原则，他第一次承包的是设计一个小店的铺面，合同金只有3埃镑，但他煞费苦心，毫不马虎，设计出来的铺面让店主十分满意。正是靠“诚”，他的承包公司在20世纪50年代初已获纯利54万埃镑。

20世纪50年代后，海湾地区发现大量石油，各王室相继加快国内建设步伐，精明的奥斯曼很快把眼光投向海湾地区，在沙特阿拉伯承包工程。他以低价投标、高质量、讲信誉的标准来完成承包合同，并注意吸收西方国家公司的先进经验。这样，奥斯曼公司的工程承包令沙特王室很满意，影响不断扩大。几年后，奥斯曼公司在科威特、约旦、苏丹、利比亚等国家建立了分公司，成为中东地区著名的大建筑承包商。

奥斯曼正是由于重信誉、讲质量，成为驰名中东地区的大实业家。可见，诚信是获得客户信赖的秘方。只有诚信对客户才能够取得客户的信赖，公司与客户之间的关系是互谋发展，利益一致的，这就是一荣俱荣的关系。一个人只有诚信对待客户，才能获得别人的接纳、信任、帮助。当我们以诚信作为自己的准则时，实际上就是在积累自己的财富。为什么这么说呢？因为诚信虽不是财富，但它可带来更多的财富，拥有它，便拥有了财富。所以，我们一定要有诚信的观念。我们应该使诚信贯穿在自己的所有行为中，用诚信要求自己，让诚信成为自己的习惯。这是获得客户信任的秘方。

3. 始终都要站在客户的立场上

在日常生活中，我们每一个人都习惯从自己的角度出发，以自己的逻辑和喜好去看待问题。如果我们能换个角度看问题，即从对方的立场出发，那就会产生一种奇妙的效果，给对方一种尊重感、归宿感，缩短对方与自己的心理距离，达到一种心理的共鸣。这就是俗话常说的“将心比心”，心理学上称为“同理心”。因此，在客户交往中，我们要了解对方，从对方角度出发，以对方需求为出发点，才能掌握其真实想法，这样做，不但可以满足客户的需求，而且很容易达到工作目的。

卡耐基有一次租用某饭店的大礼堂来讲课。没过多久，他突然接到通知，租金要增加三倍。卡耐基去与经理交涉。他说：“我听说租金要涨三倍，如果我是你，我也会那样做。因为你是饭店经理。你的职责是尽可能使饭店获利。”紧接着，卡耐基为他算了一笔账：“将礼堂用于办舞会、晚会，短时间内可能会获更大利。但是你要知道，听我课的人是成千上万的中层管理人员，他们也正是你们饭店的潜在客户，这可是你花五千美元也买不到的活广告。那么，先生，哪样更有利呢？”

经理一听，马上取消了增加租金的要求。

卡耐基并没就租金进行讨价还价，而是站在对方的立场，从经理的职责、饭店的长远盈利说起，大大减轻了谈判对方的敌对情绪，促使经理立刻收回了原定计划。可见，站在对方的立场上说话，是一种品质，也是一种技巧，需要我们时时注意，这样，我们在与人交流的时候，才能顺畅，才能被别人认可。

每个人做事都有自己的方式，只要我们能从别人的角度考虑问题，就能设身处地为别人着想，从而找到打开他人内心的钥匙，办事就更加容易。因此，我们要始终站在客户的立场上，时刻为客户着想，从客户的最根本利益角度出发。只有满足了客户的需求和利益，才能获得客户的尊重与信赖。

著名企业家松下幸之助刚开始和别人谈生意时，总会有许多的分歧。在他23岁那年，有人给他讲了一则故事《犯人的权利》。

有一个犯人被单独监禁在一间监狱中。监管当局拿走了他的鞋带和腰带，他们不想让他伤害自己，他们要留着他，以后有用。这个不幸的人左手提着裤子，在单人牢房里无精打采地走来走去。他提着裤子，不仅是因为他失去了腰带，而且因为他失去了15磅的体重。从铁门下面塞进来的食物是些残羹剩饭，他拒绝吃。但是现在，当他用手摸着自己的肋骨的时候，他嗅到了一种万宝路香烟的香味。他非常喜欢万宝路这种香烟。

通过门上一个很小的窗口，他看到门廊里那个孤独的卫兵深深地吸了一口烟，然后美滋滋地吐出来。这个囚犯很想要一支香烟，所以，他用他的右手指关节客气地敲了敲门。

卫兵慢慢地走过来，傲慢地哼道：“想要什么？”

囚犯回答说：“对不起，请给我一支烟……就是你抽的那种万宝路。”

卫兵错误地认为囚犯是没有权利的，所以，他嘲弄地哼了一声，转身走开了。

这个囚犯却不这么看待自己的处境。他认为自己有选择权，他愿意冒险检验一下他的判断，所以他又用右手指关节敲了敲门。这一次，他的态度是威严的。

只见那个卫兵吐出一口烟雾，恼怒地扭过了头，问道：“你又想要什么？”囚犯回答道：“对不起，请你在30秒之内把你的烟给我一支。否则，我就用头撞这混凝土墙，直到弄得自己血肉模糊，失去知觉为止。如果监狱当局把我从地板上弄起来，让我醒过来，我就发誓说这是你干的。当然，他们绝不会相信我。但是，想一想你必须出席每一次听证会，你必须向每一个听证委员会证明你自己是无辜的；想一想你必须填写一式三份的报告；想一想你将卷入的事件吧！所有这些都只是因为你拒绝给我一支劣质的万宝路烟，就一支烟，我保证不再给你添麻烦了。”

卫兵会从小窗里塞给他一支烟吗？当然给了。他替囚犯点了烟了吗？当然点上了。为什么呢？因为这个卫兵马上明白了事情的得失利弊。

这个囚犯看穿了士兵的立场和禁忌，或者叫弱点，因此自己的要求得以实现——获得一支香烟。

松下幸之助从这个故事立刻联想到自己：如果我站在对方的立场看问题，不就可以知道他们在想什么、想得到什么、不想失去什么了吗？于是，他从中领悟到一条人生哲学：站在对方的立场看问题。因为这条哲学，他和合作伙伴的关系有了突飞猛进的进步，人人都愿意和他合作，也愿意做他的朋友。

站在客户的立场上分析问题，能给客户一种为他着想的感觉，这种技巧常常具有极强的说服力。而要做到这一点，了解客户就十分重要，唯有先了解客户，而后才能从客户的立场上考虑问题，从而对症下药，达到合理沟通。

汽车大王福特曾说过：假如成功有什么秘密，那就是设身处地为别人着想，了解别人的态度和观点。这话实在再简单、再浅显不过了，但能真正领悟其中精髓并做到的人，寥寥无几。其实，在对方的立场看问题，才能真正了解客户，有助于我们知道客户在想什么、想得到什么，这样才更有助于我们成功。

4. 对待客户要有春天般的热情

热情最能够感化他人的心灵。我们员工在对待客户的时候富有热情，会使人感到亲切、自然，从而缩短与对方的感情距离，同你一起创造出良好的交流思想、情感的环境。如果在和客户接触的时候，沉着一张“苦瓜脸”，说着那种冷冰冰的话，又表现出爱理不理的态度，那么客户又如何能够喜欢你呢？

对人热情是待客之道。热情体现在每一个细节。要做到热情服务，我们必须眼观六路、耳听八方、用心投入，这样才能赢得客户的认可，同时使我们更专业，更有利于提高自身素质，从而走得更远，飞得更高！

充满热情、有耐心、对每一辆车都很了解，这就是小罗，一位充满热情而又专业的汽车销售顾问。和其他销售顾问不一样的是，他从事这份工作已经5年了。在这5年内，他的激情丝毫没有减少。

“男销售顾问和女销售顾问相比，缺少一点亲和力，但我们对车子的构造、性能等了解得更全面些。”小罗笑着说，少了亲和力，就只能从其他地方征服客户。曾经有一个客户，从看车到购车用了半年的时间，交车的时候，这个客户跟他说了一句话：“我为什么会买你的车，因为你从第一天到最后一天，对我的服务态度都没有差别，一直以同样的热情为我介绍。”

因此，对待我们的客户要有春天般的热情，这是一条经商真理，不但是我们服务客户的最基本的标准，也道明了热情服务的重要性。在当今这个竞争日益白热化的时代，谁争到了客户，谁便会成为销售行业的赢家。谁能长时间地留住客户，谁就是最终的胜利者。如果员工让客户在消费中体味到难得的温情，将会在客户心中留下深刻的印象，所以，我们员工一定要强化自己的服务意识，增加人情味服务，给客户留下美好印象。

小张是一位非常优秀的计算机销售员。有一天，一位客户来到他的计算机店挑选计算机，那位客户看了店里所有的计算机之后，没有看中任何一款计算机，正准备离开。这时，小张走过去热情地对他说：“先生，我可以帮助你挑选到你最满意的计算机，我是这里的销售员，我很熟悉附近的计算机店，我愿意陪你一起去挑选，而且还可以帮你砍价。”

这位客户同意了小张的请求，小张带着他来到了别的计算机直销店。那位客户把所有的计算机店都看了一遍，还是没有挑选到他自己最满意的计算机。

最后，那位客户对小张说：“我还是决定买你的计算机。老实说，我决定买你的计算机并不是你的计算机比其他店里的要好，而是你对客户服务的精神感动了我。到目前为止，我还没有享受过这种热情的服务。”

结果，那位客户从小张那里买了好几台计算机，而且，那位客户还在他的朋友圈内为小张免费做广告，介绍了很多客户到小张的店里来买计算机。

做生意和做人是一个道理，只有你用春天般的热情去温暖你的客户，客户就会用同样的方式来回报你！热情是世界上最有价值的一种感情，也是最具感染力的。有热情才会有动力，有动力才能全身心地去做好每一件事，尤其是对待客户的时候，这是成功的基本要素之一。有人做过研究，热情在成功销售的案例中占的分量为95%，而产品知识只占5%。自己充满了热情，即使工作不是很顺利，也会很好地完成任务。如果没有热情，工作就会像放蔫了的蔬菜，毫无生机和新鲜可言。所以，我们对待客户要有春天般的热情。有了热情，销售才有可能取得成功。

北京百货大楼著名的劳动模范“一团火”张秉贵，就是善于热情接待客户的典型。张秉贵被人称为“一团火”，就是因为他对客户十分热情，从他嘴里说出来的话，能够让人时刻感受到温暖。

有一天中午，商店里的人不多，一位女客户气呼呼地来到糖果柜台前，张秉贵含笑迎上去：“您想买点什么糖?”

“不买，难道不能看看吗?”

说完，这位客户连看都不看张秉贵一眼，绷着脸从中间柜台向东头柜台走。张秉贵也随着她向柜台东头走去，边走边想：她准是遇到了什么不顺心的事，越是这样，我越是要热情接待她。张秉贵一边走，一边还是和颜悦色地说："最近从上海来了几种新糖果，味道还不错，您想看看吗？我给您介绍一下……"客户被张秉贵那火一般的热情感动了。她抱歉地说："刚才我冲您发火，您没见怪吧，我那孩子不吃饭就去游泳，气得我真想揍他。您瞧，刚进大楼那阵儿，我的气还没消呢！"

"您教育孩子是应该的，可要注意方法，不能打孩子。"

这位客户感动地说："您的服务态度真好，我无缘无故向您发火，您还这样耐心做我的思想工作……"

从这以后，这位女客户每次来百货大楼，都要到糖果柜台前来看望张秉贵。

俗话说，金杯银杯，不如客户的口碑。因此，对待客户，要像春天般的温暖，因为热情可以赢得客户的好感和认可。热情对待客户，客户就一定会回报我们的。特别是对拿佣金的员工来说，热情最能创造交易。只有为客户热情服务好了，才有可能让员工和企业得到持久的客户支持。

5. 感恩客户，客户就是你的财富

感恩是一种处世哲学，是做人的大智慧。在当今高速发展的社会，我们常常对周围的一切不以为然，有些人把金钱和利益看得太重，而忽视了人与人之间的感情，觉得父母的细心照顾、朋友的关心帮助都是理所当然的，忙忙碌碌的生活，让我们忘记了感恩，也无暇去感恩，这是一种生活的悲哀。

做人要有感恩的心，心存感恩才能走得更远！心存感恩，能让我们更加珍惜身边的人和物，让我们渐渐麻木的心发现生活本是如此丰厚而富有，才更能领悟命运的馈赠与生命的激情。在工作中，有了感恩，工作就会变得简单轻松，人才能够在工作中实现自我，得到满足。在感恩的精神里，我们更能体会到成功的喜悦和生命的真谛。因此，生在这个世间，我们需要感恩。心存感恩，才能收获更多的幸福和快乐，才能摒弃没有任何意义的怨天尤人。

想想看，当员工以感恩的心态认真工作时，就可以得到相应的回报。当我们感谢公司为我们提供施展才华的舞台，感恩上司帮助我们培养对公司的忠诚，感谢职场使我们能通过工作培养个人能力、积累各种经验，感恩客户的支持和信任时，我们就会以更积极的心态去面对人生。

某保险员工给客户的感谢信

尊敬的客户：

您好！我怀着感恩的心情，向您致以亲切的问候和诚挚的谢意；感谢您过去对我的支持和帮助，感谢您让我在这个行业中充满信心和勇气，并从中享有收获和喜悦。

保险，作为一种未来的生活安排方式，正在被越来越多的人所接受和喜爱，我很荣幸能做您的寿险顾问并有机会为您服务。在过去的日子里，因为保险让我们有了很多的接触和交流，您的乐观与认同、理解与信任，让我倍受启迪并心存感激。

保险工作其实是一件痛并快乐的事，风吹雨打、酸甜苦辣都要经历。自从进入这个行业以来，保险让我的内心开始变得更加宽广和丰润、坚强与进取。每每心灵受挫、受打击时，一想到您和众多客户的支持和信赖，看到家人期待的目光和眼神，我就不敢让自己懈怠，而继续勇敢地在这个行业中前行。

在过去的日子里，我不知道您对我的服务是否感到满意，但我从内心深处希望你拥有足够的人寿保险，哪怕不是在我这里购买的，因为每当我看到身边的人没有保险，而发生不能承受的生命之重的事情时，我就为自己没能事前向他们介绍保险而感到自责。人寿保险虽然不能抵御风险，却可以在悲痛之余抚慰人的心灵，让爱我们的人和我们所爱的人深切地感知一份绵绵不绝的爱和深切的责任，从而在内心深处升腾起生的勇气与创造美好新生活的憧憬，这是其他商品和服务所不能做到的，所以我不止一次地告诫自己，绝不要轻易对这个行业说不，我要在这个行业中坚定地走下去，并给更多的人送去满意的保险服务！

感谢您让我有机会向您学习和请教，祝福您在未来的日子里大展宏图。愿您能在未来的日子里，继续给我更多的支持和帮助，助我在这个行业中快速成长！

谢谢！愿每个家庭拥有平安！

在一次企业家交流论坛上，一位听众请教某位企业家："你觉得你成功吗？你成功的秘诀是什么？"这位企业家微笑着说："我今天能够在这里听你的问题，我觉得我很成功。我成功没有秘诀，我只有一颗感恩的心，感谢你今天的提问让我成功。"

感恩是一种积极的心态，更是一种向上的力量。做一个感恩的人，是一个人最起码的道德素养，这些素养有助于我们形成完整的人格，有助于使我们成为于人于己、于家庭于社会都有用的人。拥有一颗感恩的心，我们便能拥有一个健康的心态；拥有一颗感恩的心，我们的人生境界就会得到提升。

在工作中，客户是每个企业的根本，如果没有客户的支持，企业是不可能走向成功的。所以每个员工和企业都应该感恩客户，感恩客户的支持，感恩客户的一路相伴。无论从事何种职业，只要胸中常怀着一颗感恩的心，随之而来的，就必然是不断地涌动着诸如温暖、自信、坚定、善良等美好的处世品格。自然地，你的生活中便有了一处处动人的风景。

有一个销售奇才，他经常给自己的下属分享自己成功的秘诀。当年，他还只是一名牛奶销售员，为了销售牛奶，每天骑着自行车奔波在城市的大街小巷、公司厂矿。因为当时人们大多喝的还是订的玻璃瓶的早餐奶，纸质包装的早餐奶刚刚推出，人们还都不是很认可，虽然他每天东奔西走地到处宣传，但收获并不是很大。最初的一个月，他只销售出去了 15 箱。销售的月薪很低，只有象征性的 300 元，其他主要靠赚取绩效工资，每销售出一箱牛奶提成 5 角钱。第二个月，他联络到 32 个新客户。第三个月，他依然满怀信心地奔波着。

这天，他骑着自行车驮着牛奶去给 5 公里外的一家居民送货。其中有一户家里只有一位坐在轮椅上的老奶奶，他将牛奶交给老人家后顺便也帮老奶奶将堆在门口的一个简易木床搬到房间里。在他放好木床等待老奶奶签收的时候，老人家的电话响了。原来是老奶奶家的外地客人来了，客人因为不知道老奶奶家的具体位置，让人去车站接。而那张木床也是为客人准备的。但不巧的是老奶奶的儿子还在单位上班，保姆又刚刚出去买菜了，老奶奶很是为难。他试探着询问老奶奶，在得到确认后，自告奋勇地表示他可以去车站帮助老奶奶接客人。他下了楼梯，到火车站将老奶奶的客人接了回来。一周后，他不断接到老奶奶居住的那座楼住户的订奶电话。两周后，老奶奶的儿子打来电话，表示他所在公司决定为员工增加福利每天都要订几箱奶。此后，不断有新的订奶电话打来，说都是那位老奶奶和她的儿子介绍来的。第三个月，他的销售业绩获得了历史新高。

他想到自己的成功应该感谢老奶奶。而老奶奶却笑着对他说道：“你应该感谢的是你自己，因为你帮助了我，我就将你介绍给了我的邻居和我做经理的儿子，建议他们都尝试一下你推荐的牛奶。因为像你这么善良的人，一定是一个值得信任的人。”后来他的业绩越做越大，公司还专门为他配了车。而他的出色能力和善良的品德也最终为他赢得了市场总监的职位。

我们要感恩每一个支持企业的客户。因为有客户的关注和支持，企业才能一步一步走下去。在工作中，客户是我们最大的财富，要赢得客户的信任，我们需付出感恩和不懈的努力。感恩能为我们赢得客户的亲近和信赖，从而赢得客户垂青、领导的重视和同事的认可。这将会为我们的未来打下最牢固的道德基础。

员工唯有学会感恩，才能获得更大的情感回报，才会更加热爱生命，关爱他人、收获成功与快乐。因此，我们要感谢千千万万的客户，因为没有他们的帮助和支持，就没有我们的成功。感恩越多，我们得到的越多，心中也就多一份喜悦，幸福也更爱拥抱我们。

6. 态度决定一切，真心诚意帮助客户

要想做好客户工作，最主要是有个良好的心态，以正确的态度看待客户，服务客户，因为态度决定你的行动，从而关系到服务是否被认可。态度具有神奇的力量，它栖息于思想深处，左右着我们的思维和判断，控制着我们的情感与行动。一个人的生活状态、人生方向完全受控于其生存态度的指引。用什么样的态度对待生活，就有什么样的生活现实。积极的态度可以使我们到达人生的顶峰，尽享成功的快乐和美好，消极的态度使我们一生陷入困难与不幸之中。因此，态度影响我们的事业、生活、人际关系等，决定我们的工作成败。我们员工需要一切以客户为中心，真心诚意帮助客户，为客户服务。

王静是一名刚来北京不久的外地务工人员，她在一家餐馆找到了一份服务员的工作，在就业压力如此大的北京能够找到一份让她还算满意的工作，她十分珍惜，在工作中非常主动，总是付出更大的努力。

这一天，北京突降大雪，交通不便，地面湿滑，路上行人走路都非常小心。这时餐厅突然响起了电话铃声，王静接起了电话，来电话的是北京银行工作人员，他们是餐厅的老客户，今天他们打电话预订 4 份午餐，并说 20 分钟后来取。接到客户的需求，王静忽然想到外面还在下着大雪，而此时餐厅的客户也不多，于是她便主动提议给客户送餐，一来照顾老客户，二来避免客户在恶劣天气下往返。打电话的人员听到后非常感激，连声道谢。送餐回来后，王静整个成了雪人，但她却一脸满足，她收获了客户额外的感谢。

这件事情传到了餐厅经理的耳中，经理被王静这种主动工作，愿做苦差事，全心全意为餐馆、为顾客着想的无私之心所感动，于是召集餐厅全体员工开了一次例会。

在例会上，经理对所有人说：“对餐厅而言，积极主动不一定体现在很大、很重要的事上，它体现在日常管理和工作的点点滴滴上，在别人忙时主动帮助其承担一份工作；当快下班时，离家近的主动承担起最后一笔外卖；当发现客户有需要协助时，主动伸出援手。这都能够让我们在竞争如此激烈的餐饮市场上获得一席之地。”

员工们都为经理的讲话所动容，他们对经理说：“您真的很有远见，我们都相信在您的领导下我们会越来越好。”而此时经理却说：“你们错了，这不是我的见解，而是王静的行为给我的启发。”在例会结束时经理正式任命王静为餐馆的值班经理，负责管理餐馆日常服务的相关工作。

工作首先是一个态度问题，是一种发自肺腑的爱，一种对工作的真爱。只有以这样的态度对待工作，我们才可能获得工作所给予的更多的奖赏。人在职场，最可怕的不是缺少知识、缺少能力，而是缺乏积极主动的心态。一个不懂得积极主动的人，工作对他来说只是一个可以养家糊口的手段，甚至成了一种负担，在工作上是无法做到完美执行的。很多时候，只要我们主动一点儿，就会发现自己的工作实际上是大有可为的。因此，我们对待客户工作需要热情和行动，需要努力和勤奋，需要一种积极主动的精神。

王小姐特别爱买鞋，她的钱基本上都花在这上面。

一天，为了参加同学的聚会，她打算去买一双新鞋。

王小姐来到商场，在各种品牌里寻找着自己钟爱的款式。经过精心地挑选，王小姐看中了两双不同品牌的鞋，每双鞋都有她钟爱的地方，难以取舍，一直下不了决心。

王小姐还没有做好最后的选择，这时已经到了商场下班的时间。她决定最后一次试一下这两双鞋子，就要做最后的选择。

她先来到其中一个鞋柜前，拿起鞋子正在试穿，售货员带着不耐烦的情绪说："小姐，请您快一点，我们马上快要下班了。"王小姐忙说："好的，我马上就好。"

王小姐马马虎虎试了一下，就去试穿另一个品牌的鞋子。这个售货员微笑着说："小姐，你不用太着急，虽然快要下班了，但是我晚一会儿下班也没事，买一双鞋不容易，你一定要挑一双自己特别喜欢的，这样钱花得才值！"王小姐听到这样的话，不再犹豫，当即决定买这双鞋。

只有用心去服务，才能得到事半功倍的效果。这里两个卖鞋的售货员，都是在快下班的时候，接待了一个买鞋的客户，她们在最后的时候都分别说了一句话，但是说话的心态、内容和方式却带来了不同的结果。其实最终让王小姐下定决心的，并不是鞋子本身，而是售货员的态度和行为。可见，态度决定一切，我们能否做好工作，最重要的取决于我们对工作的态度。

在生活工作中，没有人会拒绝别人的关心，我们要发自内心地去关心客户，帮助客户，客户就可以从我们的言行举止中感觉出来。当客户被我们打动，感动的时候，客户的回报要远远超过购买的产品。因此，我们要主动一些，真心诚意帮助客户，赢得客户的信赖。只要抱着这种态度，任何人都会成功，会达到目标。

7. 宁愿自己吃亏也不要让客户受累

在客户工作中，我们员工要懂得设身处地地为客户着想，宁愿自己吃亏也不要让客户受累。简单地说，设身处地地为客户着想就是一种换位思考，是一种虚拟，换句话说：“如果我是他，处在他的位置，我会怎么看待这个问题，又会如何处理这个问题？”从字面上来看，“设身”就是假设自己是当事人本身，“处地”就是处在当事人的地位和情境。我们如果能设身处地为他人着想，往往就可以更多考虑客户的需要，找到更多服务客户的方法，最终获得客户的信赖。

怀特 12 岁时的一天下午，正在父亲的家具店里扫地，一位上年纪的妇女走了进来。怀特问父亲，可不可以由我来接待她。父亲回答道：“就看你了！”

“我能为您做点什么吗?”

“噢，是这样的。我以前在你们店里买了一张沙发，可现在它的一条腿掉了。我想知道，你们什么时候能帮我修好?”

“您什么时候买的?”

“有10年左右了吧。”

怀特对父亲说，这位客户想让我们免费为她修理10年前买的旧沙发。父亲让怀特告诉她，下午就到她家里去修沙发。

怀特和父亲给那位老妇人的沙发换了一条腿，然后就离开了。在回家的路上，怀特一声不吭。父亲问：“怎么了，为什么不高兴?”

“你心里明白，我想去上大学。可是，假如总是这样大老远地给人免费修沙发，到头来我们能挣几个钱呢?”

“不能这样想，你要尊重你的客户。况且，学着做一些修理活儿对你没有坏处。另外，你今天错过了最重要的一个细节。我们把沙发翻过来后，你有没有注意到那上面的标签？其实，这张沙发不是我们店卖的，而是从西尔斯家具店买的。”

“你的意思是，我们为她修理沙发，一分钱不收，而她根本就不是我们的客户?”

父亲看着怀特的眼睛，郑重说道：“不！现在她是我们的客户了。”

两天后，那位老妇人再次光临。这一次她从怀特父亲的店里买走了价值几千美元的新家具。

如今，怀特在销售行业已经干了30多年。他一直给不同的公司做销售代理，而怀特的销售业绩始终是最好的。

在服务过程中设身处地地为客户着想和对客户给予特别的关注，这体现了客户至上的服务精神。现在商场竞争越来越激烈，客户面临越来越多的选择，想要吸引更多的客户，单靠质量远远是不够的，在这个高速发展的社会，服务占据着越来越重要的地位。你可以没有最独特的产品，但是你却可以拥有最独特的服务，服务就是你在市场上站稳脚跟的资本。

客户至上需要懂得设身处地地为客户着想，要投入更多的感情，没有设身处地地为客户着想的服务，无论如何讲究形式，也不能传递诚意，甚至反而会让对方产生精神上的距离，因此我们每一位员工在遵守各项行为准则的基础上，更要倾注自己的感情，真正将“设身处地地为客户着想”做到极致，这样才能做到用真心去拥抱每一个客户。

夏日，南京某饭店大堂，两位外国客人向大堂副经理值班台走来。大堂副经理小倪立即起身，面带微笑地以敬语问候，让座后两位客人忧虑地讲述起他们心中的苦闷：“我们从英国来，在这儿负责一项工程，大约要三个月，可是离开了翻译我们就成了‘睁眼瞎’，有什么方法能让我们尽快解除这种陌生感?”小倪微笑地用英语答道：“感谢两位先生光临指导我店，使大厅蓬荜生辉，这座历史悠久的都市同样欢迎两位先生的光临，你们在街头散步的英国绅士风度也一定会博得市民的赞赏。”熟练的英语所表达的亲切的情谊，一下子拉近了彼此间的距离，气氛变得活跃起来。于是，外宾询问了当地的生活环境、城市景观和风土人情。从长江大桥到六朝古迹，从秦淮风情到地方风味，小倪无不一一细说。其中一位马斯先生还兴致勃勃地谈道：“早就听说中国的生肖十分有趣，我是 1948 年 8 月 4 日出生的，参加过第二次世界大战，大难不死，一定是命中属相助佑。”

说者无心，听者有意，两天之后就是 8 月 4 日，谈话结束之后，小倪立即在备忘录上做记录。8 月 4 日那天一早，小倪就买了鲜花，并代表饭店在早就预备好的生日卡上填好英语贺词，请服务员将鲜花和生日贺卡送到马斯先生的房间。马斯先生激动不已，连声答道："谢谢，谢谢贵店对我的关心，我深深体会到这贺卡和鲜花之中隐含着许多难以用语言表达的情意。我们在南京逗留期间再也不会感到寂寞了。"

在工作中，客户至上要求员工设身处地为客户着想，千方百计地为客户提供服务，把客户满意作为衡量标准，全心全意地满足客户需求，努力实现客户满意。因此，我们要去主动靠近客户，并以客户的需求和利益为中心，不怕劳累吃亏，最大限度地满足客户的需求。这要求我们能够积极主动地工作，能够考虑得远一点，思想先行动起来，多动脑筋，勤动脑筋，工作闲暇之余，多思考一些与工作有关的事情，多做一些计划、策划之类的准备工作。另外，在工作中必须具有热情和活力，表现出自己乐观向上和勇于进取的一面，不要拒绝接受工作任务和消极怠工。学会这种工作态度也更能让我们预先知道客户想要什么，从而能使服务工作更加得心应手，更为客户所接受。

8. 以客户为中心，让客户满意，我们才有明天

在如今的社会，企业所面临的竞争者已不仅仅是行业内部已有的或潜在的竞争对手。在利益的驱动下，许多提供替代产品的供应商和客户也加入竞争者的链条中，因而引发竞争观念逐渐由以市场为导向向以客户为导向方向发展。低成本、好产品已不再是企业立于不败之地的护身符，企业只有赢得无数忠诚客户的关爱，才能有效维持、发展和提高客户占有率，才能在无情的市场竞争中赢得主动。无数事实早已证明：良好的客户关系是维持、发展和提高客户占有率的关键所在。客户就是市场，是企业竞争的唯一导向。这就是"以客户为中心"的经营理念所

要解释的内容。

以客户为中心的经营模式的实现，需要一套科学有效的方案，它包括以客户为中心的战略规划、管理咨询、渠道维护、关系拓展和错误修正等核心环节，需要企业上下同心、同舟共济。“以客户为中心”不是一句空洞的口号，而是富有哲理的经营理念。反映在企业中，就是将企业所有的发展战略、愿景规划、管理模式、业务流程等定位在帮助客户更多地实现其价值需求上。客户唯有获得令其满意的价值需求和价值体现，才能显现出其应有的客户满意、客户忠诚和客户贡献。

大学毕业的李蕾蕾，主动放弃了银行工作，凭借睿智的头脑和年轻人的自信及敏锐的市场洞察力，进入了保险公司。

李蕾蕾始终坚持“客户至上”的原则来销售保单。李蕾蕾认为，要想成功获得更多保单业务，最重要的是必须真心诚意对待客户，处处为客户着想。时间长了，她身边的朋友越来越多，保单业务也通过朋友的介绍日益增长。面对客户数量的增加，是不是对客户的服务质量有所下降了呢？李蕾蕾笑着说：“不会的，为了保证客户依然能享受到真诚完美的服务，我专门聘请了一位助手来协助我做好售后服务。”一句看似平淡无奇的话语，被她这么轻描淡写地说出来，却不知里面包含多少耕耘和付出。也正是凭借她始终如一的优秀服务，客户对李蕾蕾、对这家保险公司产生了高度认同。

保险业务员普遍都有这样的心态：希望客户买保险买得越多越好。然而，李蕾蕾却是个“奇怪”的人，有时候为了给客户制订一份保险计划，她需要长时间考察客户，在充分了解了客户的真正需求后，她才会最后“下手”。正因为这样，一张很小的单子她也要花费很多时间和精力。她表示宁愿少收入，也不愿意粗心大意给客户做计划，要真诚地对待每一位客户，对待每一件事情。这就是李蕾蕾的做事风格。“客户选择我是我的幸运。”李蕾蕾说。

从事保险行业5年来，李蕾蕾始终踏踏实实地耕耘着自己的事业，始终用一颗善良而诚挚的心去感染着身边的每一位客户，她创造了一个又一个的辉煌。5年来，李蕾蕾荣获了“优秀能手”“营销高手”“巅峰英雄”等称号，还连续3年蝉联保险公司销售冠军。

我们在工作中，一定要把客户的利益放在首位。比如案例中许多家庭拥有不止一份保险产品，不同功能的保险产品都有所配置，如何帮助客户合理规划，这是最重要的。有很多时候我们需要站在客户的角度，结合客户缴费能力和保险需求，帮助客户合理配置，保证客户得到最大的保障和实惠。不能只看到眼前的利益回报，要用发展的眼光来看待回报。这样，客户在买下产品的那一刻对你满意，也会在今后体会产品给他带来的利益中增加对你的信任。

某饭店808房的李老板正在前厅收款处结账准备离店，核对账单时，楼层服务员打来电话，通知收款员，808房少了一件浴衣。大堂副经理小陈得知这一情况后，在前厅收款处找到了李老板，把他带到大厅的僻静处，婉转地说：“李老板，服务员在收拾房间时发现您的房间里少了一件浴衣……”客人有一丝不安，但立刻否认带走了浴衣。于是小陈接着说：“那么，李老板，有没有可能是您的亲友来拜访时，顺便带走了？”李老板说：“没有，我住店期间根本没有亲友来过。”小陈顺势提醒李老板：“请您再回忆一下，您会不会用过浴衣后，顺手放到别的地方了？”但客人还是没有理解，小陈干脆就给他一个明确的提示：“以前我们也发现过一些客人说是浴巾、浴衣之类的不见了，但他们后来回忆起来是放在床上，被毯子遮住了。您能否上去看看，会不会也发生类似的情况呢？”这下李老板明白了，马上说：“我上去找找。”不一会儿，李老板下来了，故作生气状地说：“你们的服务员也太不仔细了，浴衣明明就掉在沙发后面了嘛！”小陈知道客人已经把浴衣拿出来了，便不露声色，很有礼貌地说：“实在对不起，李老板，打扰您了。”为了不让客人感到尴尬，小陈很真诚地对客人说：“李老板，希望您下次来，还住我们饭店！”李老板说：“一定，一定还住你们饭店。”

以客户为中心，为客户提供优质服务是企业接近消费者、打动消费者的最便捷途径，也是企业品牌树立的途径。“客户至上”的经营理念，其最终目的不仅仅是客户的一次购买，而是通过对客户的优质服务来增强客户满意度。因此，对于有过失的客人，应小心地维护他们的自尊心，给客人一个体面的台阶，切不可认为自己有理便惹恼客人而使事态扩大。在很多场合，应尽量将与客户的矛盾积极化解，从而最大限度地保住客户的脸面。只有这样，企业的服务水准才能很好地得到提高，客户才能真正地感到满意。因此，我们无论多辛苦，也要把客户的事情做好，客户永远是对的，让客户满意，我们才能不断发展，才有明天的辉煌。

第二章 注重职业礼仪，赢得客户的认可和喜爱

礼仪是人际交往的前提条件，是和谐工作的钥匙。注重职业礼仪有利于员工与客户建立良好的人际关系，形成和谐的心理氛围。在工作中，有修养、有礼貌的人，才会赢得客户的尊重、喜爱、赞同和认可，让生活更美好，让人们更亲近，让世界更温情。

1. 尊重客户，彬彬有礼地接待客户

礼仪是个人、组织外在形象与内在素质的集中体现。对个人来讲，礼仪既是尊重别人也是尊重自己的体现，在个人事业发展中起着重要作用。它能提升人的涵养，增进了解沟通，细微之处显作用。对内可融洽关系，对外可树立形象，营造和谐的工作和生活环境。员工应该在工作中讲究礼仪，在待人接物时做到文雅和善，使自己成为一个有魅力、有修养、处处受客户欢迎的人。特别是在与客户交往、接待客户的过程中，更需要严格遵守礼仪规范，彬彬有礼，谦敬合度，才能赢得客户的认可和喜爱。

具体来说，接待客户要遵守以下礼仪规范。

(1) 仪容礼仪规范

面带笑容，保持开朗心态，有利于营造和谐、融洽的工作气氛；保持身体清洁卫生，这不仅是健康的需要，更是文明的表现，有利于与人交往；头发梳理整齐、面部保持清洁；男员工不留长发，女员工不化浓妆；保持唇部润泽，口气清新，以适合近距离交谈；手部干净，指甲修剪整齐，男员工不留长指甲，女员工不涂抹鲜艳指甲油；宜使用清新、淡雅的香水。

(2) 电话接待礼仪规范

前台接起电话的声音要不急不慢，并始终保持轻松、愉悦的声调，不得在电话中对来电者耍脾气、使性子甚至说粗话。接电话中，要勤说“请问”“对不起”“请稍等”之类的谦词。

在电话铃响的第二声、第三声的时候接起电话。接起电话首先要说

“您好，×××公司（公司名称，如果公司名称较长，应用简称）”，忌以“喂”开头。如果因故迟接，要向来电者说“对不起，让您久等了”。对知道分机号码或者转向具体人姓名的电话，可以礼貌地说“请稍等”，并马上转接过去。

如果要求转接领导电话、对方又知道领导姓名、不知道分机号的话，就要礼貌地询问，对方是谁、哪个单位的。如果是广告、变相广告之类的电话，应该用礼貌的借口挡驾，或者转到相关部门处理。

让客户先收线。不管是制造行业，还是服务行业，在打电话和接电话过程中都应该牢记让客户先收线。因为一旦先挂上电话，对方一定会听到“咔嗒”的声音，这会让客户感到很不舒服。因此，在电话即将结束时，应该礼貌地请客户先收线，这时整个电话才算圆满结束。

（3）来访接待礼仪规范

有访客来时，应立即起身，面朝向来访者点头、微笑致意：“您好，请问您找哪一位?”“有预约吗?”知道找谁，并确认是预约之后，请来访者稍等，立即帮其联系。如果要找的人正在忙，可以请其稍等，用规范的仪态引领来访者入座倒水。如果等了很长时间，访客要找的人还在忙，要关照一下来访者并向其说明。

如果来访者要找的人没有出来接，让其自己过去，应该用规范的手势指引他如何去，或者带来访者去。如果来访者要找的人的办公室门即使是开着的，也要先敲门，获得许可后再请来访者进入，为来访者倒好茶后，前台就要返回岗位。当然，如果前台只有一位的话，直接指引来访者即可。

如果来访者知道找谁，但没有预约，接待人员要打电话问问，告诉相关同事或领导助理/秘书，×××单位的×××来访，不知道是不是方便接待。出于对来访者的礼貌和方便拒绝时的得体处理，即使是要找的同事或者领导亲自接，都可以当作是其他人接的电话，再询问。这样在来访者听来，即使电话那头没有答应接待，也不是他要找的人直接拒绝的，为下一步的处理留下了余地。

(4) 接待客户注意事项

客人来访对公司来说都很重要，接待必须要有友好热情和愿意提供服务的态度。如果正在工作应立即停止，即使是在打电话也要对来客微笑点头示意，但注意不能误了电话。

招呼客人时，应点头致意并面带笑容。接待老客户更要加倍地亲切。客人离去时，要郑重道别。即使你再忙，也别忘了最后的道别，称呼对方的名字将留下好的印象，所以记住来访者的面孔与姓名是很重要的。

有客户未预约来访时，不要直接回答他要找的人在或不在。而要告诉对方："我去看看他是否在。"同时婉转询问对方来意："请问您找他有什么事？"如果对方没有通报姓名则必须问明，尽量从客人的回答中，充分判断能否让他与自己的同事见面。陌生客人光临时，务必问清其姓名及公司或单位名称。通常可问："请问贵姓？请问您是哪家公司的？"

未经上司同意，不要轻易引见来客。即使是事先有预约的来客光临，也要先通报上司（用电话联系或亲自前去报告），等候指示。倘若没有预约，即使是你认为上司肯定会接见的客人，也不可擅自引见。

接名片时必须用双手以示尊重，接过来后不可不屑一顾，随手乱放，也不可拿在手中折叠玩弄。接名片时要确认一下名片上所列对方姓名、公司名称等。如见到不易拼读的姓，不要随便乱念，必须询问对方。

如果上司不在或一时联络不上，应该向重要来客说明原因，表示将主动联络或协助安排另一约会时间。如果对方表示同意，应向对方探询其通信地址及联络时间。不要在没取得上司的同意以前就确认你另定的约会时间，最好告诉来客："我能否给您回电话再确认约会时间？"

如果来客非常重要，就不要私自挡驾。但如果是前来无理取闹、胁迫上司的来客，则应断然挡驾。

如果手头工作一时放不下，或上司一时无法接待来客，必须主动招呼客人，以免使其感觉受到冷落。请对方在适当的地方坐下，并为客人备上茶水，但也有些客人或来去匆匆或一再申明不要茶水，所以不是所有的客人都要用饮料招待。茶水、饮料均要八成满，递送饮料要用双手，递送时微笑告知“您的茶（咖啡、饮料等）”，许多人不爱喝某种饮料，或对饮料的配兑有某种习惯，所以准备饮料时，可以先礼貌地询问客人要喝什么。例如，“您喝咖啡还是喝茶?”“您喜欢的咖啡如何冲泡?”然后可以为客人提供一些报纸杂志，最好备有介绍本公司的机构、历史、宗旨和服务范围等资料的宣传品，供来访客户阅读。

客户就座的位置应与自己的座位保持一段距离，这样，在你离座时，对方不会看到你办公桌上的文件。

带路引导时要留意客人的步速。可说：“请往这边走。”走到拐弯处时要暂停，以手指示方向，并向客人说：“请这边走。”在乘坐电梯时要让客人先上先下。按下按钮后示意客人先进先出：“请上电梯。”“请下电梯。”

开门关门时留意手不要交叉或背着手开门。手把在右侧的门用左手开，在左侧的用右手开，这样姿势会更优美。若是向内开的门，则应你先进，用手按住门，等客人进来后再松开门。松开门之前应说：“请进。”

俗话说“礼多人不怪”。懂礼，知礼，行礼，不仅不会被别人厌烦，相反还会让别人尊敬你，认同你，亲近你，无形之中拉近了同他人的心理距离，也为日后合作共事创造轻松的环境，反之，若不注重礼仪问题，犯了“规矩”就可能使人反感，甚至会使关系恶化，合作的机会反而就会更少。

有一位先生要雇一名女秘书，为此，他在报纸上登了一则广告。广告登出之后，有50多人前来应聘，但这位先生只挑中了一个小姑娘。

这个结果被这位先生的一位朋友知道了，他问这位先生：

"我想知道，你为何喜欢那个姑娘，她既没带一封介绍信，也没有任何人的推荐。"显然，他觉得结果不可思议。

"你错了，"这位先生说，"她带来许多介绍信。她在门口蹭掉脚下带的土，进门后随手关上了门，说明她做事小心仔细；当看到那位残疾老人时，她立即起身让座，表明心地善良、体贴别人；进了办公室先脱去围巾，回答问题干脆果断，说明她既懂礼貌又有教养。"

这位先生接着说："其他人都从我故意放在地板上的那本书上迈过去，而这个姑娘俯身拣起那本书，并放回桌子上。当我和她交谈时，我发现她衣着整洁，头发梳得整整齐齐，指甲修得干干净净。难道你不认为这些细节是极好的介绍信吗？我认为这比介绍信更为重要。"

在工作中，很多时候礼仪比学问、能力更重要。一个人若不懂得礼仪，处处失礼，不仅遭人耻笑，还会四处树敌，招致各种危机和损失。只有知礼守礼，才会受人尊重，赢得他人欣赏和信任，获取机遇，成就事业。礼仪一旦融入员工血脉中，会让员工在不着痕迹之处展现自己的良好素质，流露出内在的修养，显示出优雅的气质。对客户以礼相待，尊重为先，自然也能赢得客户的尊重和欢迎，合作也必然会更顺畅。

2. 衣装得体，树立自己的专业形象

整洁的职业形象是对他人的尊重，也是一种工作礼仪。因此，当你见客户的时候，首先要衣装得体，树立自己的专业形象。人靠衣装马靠鞍。在职场上，衣装得体不仅体现着个人的形象，也代表着一个人的内

在精神状态。因此，着装的成功与否决定了在各种社交场所得到的待遇是友好还是对立。毫不夸张地说，衣装得体才能树立自己的专业形象，有效地向客户销售自己，进而成功地销售产品。

一位举止文雅的女客户来到××手机营业厅，驻足于新品展区，细看一款前一天刚上市的手机。客服人员安妮刚从室外回来，见展品没有人负责，忙走过去。安妮站在这位客户右侧，笑着问道："您对这款手机很感兴趣，对吗?"同时，安妮右手轻轻将展品取出，两手轻托，送至客户面前，"您可以亲自感受一下这款手机的触感、功能……"这位客户没有接手机。说道："本来我对这款手机挺感兴趣，可是我看到你现在的形象，突然对这里的服务有些怀疑。你们营业厅对客服人员的形象没有要求吗?"客户说完便转身离开了营业厅。安妮很诧异——自己一直很注重仪表啊！但她还是去仪表镜前照了照，这一照不要紧，安妮发现鞋子上沾了很多灰尘，头发也有些凌乱，原来自己未整理仪容仪表就出现在客户面前。安妮郁闷得直跺脚。

作为一个员工，外在形象特别的重要，在第一次和客户接触的时候，一个好的外在形象，会让客户更愿意去接触你。一个人的外貌是无法改变的，但是，你却可以改变自己的着装，谁都愿意和一个整齐干净的人打交道，你为什么不先把自己变成这样一个人呢?

比如世界著名的 IBM 公司，对员工的服装要求是非常严格的，要求必须穿西服。可能有人会说这个没有什么新鲜的，很多公司都规定必须穿西服。但是 IBM 公司规定员工只能穿深色的西服，西服不能够有格子或者条纹，而且 IBM 公司还规定员工的领带颜色只能是素色，不能有花色，要和西服相匹配；衬衫的颜色也有明确规定，只能穿白衬衫；皮鞋只能穿黑色，而且必须系鞋带。IBM 公司为什么要求员工穿成这种样子呢？因为 IBM 公司的服务理念认为这种样子给客户的感觉是很朴实的，作为一个专业维修的客户服务人员，要给客户一种很放心的感受。所以，IBM 公司要求员工的穿着不要追求时尚，而是要给客户一种感觉：我是很专业的客户服务人员，我的形象是专心为客户服务的职业形象。所以，真正优秀企业的客户服务人员着装要求应该是亲切、自然、朴实、大方。

怡静是一家广告公司的总经理，在 35 岁以前她面对需要唇枪舌剑的对手时，总显得底气不足缺乏信心，一身单调的职业装及一头冗长的头发，让她在谈判的关键时刻倍感压抑。之后一个偶然的机会，她接受了形象设计公司的专业指导，在形象设计师的坚持下，怡静剪掉留了多年的长发，换上一身庄重并富有朝气的高档套装。从此以后，她总能以优雅干练、精神饱满的面貌出现，并自信地坚持自己的立场，游刃有余地坚守底线，而对手只能屈服在这个焕然一新的女强人面前。

穿着是一门艺术，懂得这门艺术的人，会根据不同场合的要求，选择适时、合体的服装来展现自己的特点，显示自己高雅的审美情趣。一般来说，着装时应遵循一个大家公认的“TOP 原则”，它既是有关穿着打扮的最重要的原则，也是服饰礼仪的基本原则。要在生活中穿着得体大方，使自己的形象得到别人的认可，高标准的衣装穿搭方式必须严格地遵守“TOP 原则”。

TOP 原则中，T 是时间（Time），O 是场合（Occasion），P 是地点（Place）。其含义是要求人们在穿着打扮的时候，必须统筹兼顾，同时考虑到时间、场合、地点这三大要素。

(1) T 原则

T 原则（时间原则）是指在不同的时代、不同的季节、不同的时间应穿着不同的服装。服装的时代性体现在，在不同时代，流行的服装样式也各不相同，若不合时宜地乱穿衣，便会闹出笑话。穿衣也要考虑到季节的变换，若在深秋时节穿一件无袖轻薄的连衣裙，大概真是美丽“冻”人，但很难给人留下美感。同时，穿衣还要考虑到早晚时间的因素，一般有日装与晚装之分。日装要求轻便、舒适，便于活动，而晚装则要求艳丽、华贵、珠光宝气，晚礼服能起到烘托气氛，加强人际交往的效果。

(2) O 原则

O 原则（场合原则）是指服装应与当时当地的气氛融洽、协调。上街不可穿居家服、睡衣睡裤；上班时不能穿得过于艳丽、裸露，探亲访友着装应沉稳；去医院看望患者，应随意大方。因而合适的场合，穿着合适的服装，才能得到大家的认可和欣赏。

(3) P 原则

P 原则（地点原则）是指不同的工作环境，不同的社交场合，着装要有所不同。在商务场合的谈判桌上，必须穿着正式的职业套装，在工作以外的环境就可以换一套休闲装，让自己的身心得到彻底地放松。

服饰 TOP 原则的三要素是相辅相成、互相贯通的。在社交活动中，总会处于一个特定的时间、场合、地点中。我们在面对客户前认真地考虑一下，怎样的装扮才是良好形象的开端。

小萍是一个专业技术过硬的女工程师，她曾经被公司誉为“能力小姐”。为了事业的拓展，她又去另一家知名的大企业应聘，小萍虽然能力很强，但却常常不注重打扮。在面试中穿着很邋遢，结果，她失去了一个渴望已久的工作机会。

不久，她又收到另一家大公司的面试通知。她吸取了上次面试的教训。她意识到问题出在自己的服装上。上一次面试她的服装是一套黑色的西服套装，而且样式也早已过时，穿着这套衣服，无形中给她的内心造成了很大的压力。她的朋友告诉她："穿着这样的衣服去面试，纵然你再自信，也会下意识地表现得魂不守舍，缺乏底气。你的技术再好，可你缺乏自信的表现和这套早该淘汰的服装会给别人很多疑问，'她是个真正优秀的人，还是只是幸运地答对了所有的问题？'"

当她第二次去面试时，朋友帮她精心挑选了一套适合她肤色和身材的深蓝西服套裙，样式简单流畅，裁剪得体，做工精细，质地优良。穿上这套衣服，小萍看着镜中的自己，也觉得眼前一亮，她感到从未有过的自信。最终，她顺利地得到了这份工作，面试她的经理在雇用她后说："从你一进门，你的外表和自信的神态就让我感到你能够胜任这份工作。"

常言道："佛靠金装，人靠衣装。"走在熙来攘往的人群里，那些打扮时髦的职业女性，漂亮新潮的穿着会使人眼前一亮，一些高雅脱俗的装扮令人心旌摇荡。那服装与她们个人融为一体。精心搭配的服装是职业女性传递给别人的强烈、显著的信号，它向社会提供着一切关于我们的信息，同时，服装也是一种有利的沟通工具，它用一种非语言的方式让我们顺利地与人进行着非语言的交流。比如，雅致、端庄的服饰表达你对他人的尊敬，邋遢的着装则表达你的不恭和轻视。因此，我们精心地修饰自己，保持干净、整洁，不但是对自己的尊重，也是对别人的尊重。你不一定要穿着昂贵的西服，但是请穿适合的衣服吧！这也是对自己形象应该承担的基本责任，这在职场也是至关重要的。

在工作中，员工穿着职业服装必须做到整洁、笔挺、大方。所谓整洁，是指服装必须搭配合理，衣裤无污、无油渍、无异味；所谓笔挺，是指衣裤不起皱，上衣平整、裤线笔直；所谓大方，是指衣服款式简练、高雅，线条自然流畅。比如，许多男士以为穿线条松垮、有大垫肩的西装，才能撑得起男子汉的架势。其实，一套西装要穿得体面，最重要的就是合身。在合身的前提下，再综合考虑自己的脸形、身高和肩宽等因素来选择西装。穿西装时口袋里的东西尽量精简为佳，最好只装一个钱包。切忌在西裤上别着大串钥匙，这会破坏西装的整体感觉。女性着装要保持衣服平整。皱巴巴的衣服会让人觉得你很邋遢，而平整的衣服使你显得精神焕发，所以应保持衣服熨烫平整。佩戴的饰品不宜过多，否则会分散对方的注意力。佩戴饰品时，应尽量选择同一色系。佩戴首饰最关键的是要与你的整体服饰和谐统一。

3. 谦恭有礼，养成遵守交往礼仪的习惯

交往礼仪是一个人文化修养和优良品德的外在表现，具有很重要的亲和作用。遵守交往礼仪的基本要求，可以拉近与交往对象的距离，取得对方的理解，以利于沟通，营造和谐的人际关系。我国传统礼仪讲究待人谦恭有礼。遵守交往礼仪的基本要求，既是提高个人道德素质的需要，也是和客户交往的需要。

一位中国台湾客人入住一家宾馆。当行李员帮他把行李送进客房刚刚退出，服务员小汤即已提着一瓶开水走进房间，她面带微笑，把暖瓶轻轻放在茶几上，主动询问客人："先生，您有什么需要我做的事吗?"中国台湾客人说："小姐，请给我一条毛巾。""好的。"小汤满口答应，马上出去，一会儿便用盆端着水拿着一条干净的毛巾，来到客人面前，用夹子夹住毛巾，递给客人说："先生，请用。"没想到客人却很不高兴，责备道："我不要旧的，我要没有用过的新毛巾!"小汤心里一愣，却不动声色，便对客人表示："对不起，我给您拿错

了。”说完便出去换了一条新毛巾来，客人这才满意。

中国台湾客人泡上一杯茶——由于他喜欢喝浓茶，就用两袋茶叶泡一杯茶，并打开闭路电视，一边喝茶，一边看电视。茶喝过后再加水味道稍淡，他又把剩下的两袋茶叶另泡一杯。当他觉得茶味又不够时，发现茶叶没有了。于是，客人打电话给楼层服务台，请服务员再送一些茶叶来。小汤很快就拿了几包同样的茶叶进来送给客人，没想到他大为不满地抱怨：“我不要这种绿茶，我要喝浓一点的红茶！”这时小汤心里感到很委屈，但她丝毫没有流露，再次向客人道歉说：“对不起，我又给您拿错了。”接着又去换了几包红茶来送给客人。

此刻，客人很受感动，他发觉自己刚才两次对服务员发火太过分了，不由连声地向小汤道谢：“谢谢你！”脸上露出愧疚的神色。

从换毛巾到送茶叶，可以看出这位中国台湾客人是一个爱挑剔的人。然而，小汤却周到、妥帖地接待好了这位爱挑剔的客人，表现出充分的忍耐心、足够的心理承受能力和无可挑剔的服务质量，这是服务员一种很高的素质和修养，难能可贵。无论是新、旧毛巾之别，还是红、绿茶之分，客人一次又一次地无端指责小汤，这对小汤确实是非常不公平的，而小汤却能承受委屈，用自己的委屈换取客人的满意，这正是服务员谦恭有礼的表现。

讲礼仪是每个员工服务好客户的基础，也是现代社会发展对企业提出的要求。中国人向来把“礼”放在重要的位置上，以礼仪之邦表明我们是文明的，不讲礼仪是不文明的。

得体的礼仪是塑造个人魅力不可或缺的因素。下面是客户工作中必须遵守的礼仪规则。

（1）握手礼

握手是一种沟通思想、交流感情、增进友谊的重要礼仪形式。

（2）鞠躬礼

鞠躬即弯身行礼，是对他人表示尊重的一种礼节方式。

（3）致意

致意是一种不说话的问候礼节，常用于相识在社交场合打招呼。在社交场合，人们往往采用招手致意、欠身致意、脱帽致意、注目致意等形式来表达问候和友善之意。

在客户工作中，我们文明的言谈举止，会使他人乐于接近；粗俗的言谈举止，会使他人疏而远之。一声亲切的称呼、一句得体的问候、一次善意的交谈等细节，看似微不足道，却会影响我们的交往活动。我们要自觉践行交往礼仪规范，养成遵守交往礼仪规范的习惯。

当给客户上门服务时，首先应该点头微笑致礼；如无事先预约，应先向客户表示歉意，然后说明来意。未经邀请，不能参观客户住房，也不要任意抚摸或玩弄客户桌上的东西，更不能把玩客户的名片，不要触动室内的书籍、花草及其他陈设物品。站立时，上身要稳定，双手安放两侧，不要放在背后，也不要双手抱在胸前，身子不要侧歪在一边。当主人起身或离席时，应同时起立示意；当与客户初次见面或告辞时，要不卑不亢，不慌不忙，举止得体，有礼有节。

接待客户时，客户未坐定之前，服务人员不宜先坐下。坐下时，服务人员的坐姿要端正，身体微往前倾，不要跷“二郎腿”。服务人员要养成各种良好的习惯，克服各种不雅举止。不要当着客户的面擤鼻涕、掏耳朵、剔牙齿、修指甲、打哈欠、咳嗽、打喷嚏，实在忍不住，要用手帕捂住口鼻，面朝一旁，尽量不要发出声音，不要乱丢果皮、纸屑等。这虽然是一些细节，但它们组合起来就构成了客户对服务人员的总印象。只有具备“客户至上”的服务意识，才能使良好的礼仪自然、持久，才能让客户满意。

4. 微笑问好，喜迎客到

当我们到某个行业柜台式服务办理业务的时候，往往可能遇到这样的两张脸。一张是冰冷严肃的脸，另一张则是暖意洋洋微笑着的脸。当客户碰到前者，结局大多让客户心存压抑、愤愤不平，甚至拍案而起气急败坏地离去……后者客服人员则会微笑地、彬彬有礼地以一句“您好”“早上好”“请问您需要办理什么业务呢？”向客户问候和致意。显然，大家都喜欢后者的笑脸迎客。

微笑是与客户交往中最富吸引力、最有价值的面部表情，是代表友善和热情的世界通用语。多一点微笑，就多一份友善；多一点微笑，就多一份亲切。这样客户更乐意与我们沟通交流，进而对我们的工作就多了一份支持，多了一份主动，多了一份满意。

希尔顿酒店的创办人康拉德·希尔顿非常了解微笑的真谛与价值。他所经营的希尔顿酒店非常成功。其秘诀就在于要求服务人员展现出微笑的魅力。他曾这样说：“如果我的旅馆只有一流的设备，而没有一流服务生的微笑的话，那就像一家永远见不到温暖阳光的旅馆，又有什么情趣可言呢？”因此，希尔顿在平时视察中，问属下最多的一句话就是：“今天你对客户微笑没有？”

微笑是自信的象征，微笑是友好的表现，微笑是温柔的符号，没有客户会拒绝温柔如风的服务。微笑看起来很简单，但员工如果运用恰当，就能有效地提升服务质量。比如，遇到上门销售产品的人，有一部分人，不管客户怎么样拒绝，他自始至终是以微笑来对待的，你能将他拒之门外吗？多数人恐怕是不忍心的。人家既然如此诚恳，耐心相待，怎么好意思断然拒绝呢？结果客户不仅自己买了他的产品，还热心地帮他向别人推荐。由此可见，你的微笑可以感染客户！微笑是人们从眼神、从话语中流露出来的真情。只有从微笑中彼此产生好感，才能进一步进行交流。

微笑让客户如沐春风。法国春天百货商场是世界著名商场之一，它以其尽善尽美的服务闻名于世。走进商场会看到琳琅满目的商品，当客户需要服务时，微笑的服务员总能适时出现。因此有人说，不到“春天”，就感受不到真正的巴黎。美国最大的连锁店沃尔玛，它的创始人沃尔顿用一句话概括他成为亿万富翁的秘诀：“低买低卖，微笑攻势。”微笑是竞争的重要手段之一。的确如此，微笑不但能令企业获得成功，还常常给员工带来意想不到的收获。

上海的一个展览馆正在举行规模庞大的汽车展览。这次展览吸引了全国各地的人们，他们蜂拥而来，希望能选购上物美价廉的汽车。在这次展览中有一位来自深圳的富商，他是代表公司来这里选购汽车的。他停在一辆豪华轿车前，对站在他面前的销售员说他想买一批价值500万元的豪华轿车。这对销售员来说真是求之不得的好事，这位销售员立刻为他介绍产品。富商一边听一边皱起了眉头，并非他不满意这些汽车，而是销售员冷冰冰、没有笑容的脸庞让他觉得不舒服，所以他走开了。

富商继续参观，到了下一展台陈列的豪华轿车前，这次他受到了一位年轻销售员的热情招待。这位销售员面带微笑，那微笑就像太阳一样灿烂。富商顿时觉得温暖，所以他又一次说他想选购一批价值500万元的豪华轿车。

“没问题！”销售员说：“我来为您介绍一下我们的汽车。”说完，他耐心地为富商介绍了他们公司的豪华轿车，从性能到价钱，每一样他都讲解得十分清楚。尽管这浪费了他不少的时间，但他脸上一点也没有不耐烦的表情，反而始终洋溢着真诚的微笑。

富商被他的微笑所感染，所以毫不犹豫地签了一张100万元的支票给他作为定金。随后，富商对这位销售员说道：“你的微笑让我倍感温暖。在这次展览会上，你是唯一一个让我感到我是受欢迎的人，这种被别人喜欢的感觉对我来说比什么都重要。明天我会带一张400万元的支票来。”

销售员微笑着向他表示感谢，而这位富商也很讲信用，第二天果真带来了一张400万元的支票，购下了他昨天选好的豪华轿车。

毫无疑问，这位销售员是最大的获益者。在这笔生意中，他不仅得到了不菲的提成，而且还得到了公司发给他的一笔丰厚的奖金。他说他不会就此止步，他要用微笑去创造更大的奇迹，而那位脸上没有微笑、冷冰冰的销售员，现在没有人知道他在哪里。微笑是无声的语言，可以表示友好、愉悦、欢迎、甜美、满意，也可以表示赞赏、请求、领会、乐意，还可以表示谢意、致歉、拒绝、否定。微笑是善意的表达，是员工在服务中赢得客户最重要的语言。泰国的曼谷东方大酒店对员工微笑的要求是露出八颗牙齿，新加坡航空公司的员工在练习微笑的时候是用纸张遮住了鼻子以下的部分，让眼睛显露微笑；携程网公司的电话预订中心墙上贴着一幅预订小姐微笑着接电话的宣传画，上面写着“听得见的微笑”；肯德基做得更出色，他们的《客户意见表》上写着“我们渴望您的微笑”，希望通过他们的优质服务，让客户感受愉悦。因此，我们要学会微笑待客。微笑是最好的，它在服务行业中位居首位，所以笑一笑没有最差只有最好，客户看不见我们，要让他们感觉到，这也是处理客户问题的一个小技巧。一句亲切的问候，一个灿烂的微笑，就是尊重客户的表现。笑脸相迎，心态端正，这就是服务。虽然简单，却是最直接的待客方式。

5. 学会用眼神与客户交流

眼睛是人际交往中最重要的信息窗口之一。人们相互间的信息交流，总是以眼神交流为起点。特别是在无法大声说话的情况下，你可以用眼神来交流。眼神交流发挥着传递信息的重要作用。

眼睛的语言，透示着一个人的品质和修养。一个人的眼睛最能准确表达出一个人的感情和意向。眼神的交流在我们的社交活动中有着举足轻重的作用。如果仔细研究一名著名讲师的演讲，你就会发现在演讲的过程中，他会大量地使用眼神的交流来增加他的感染力。哈佛大学的一项研究发现，如果一个人在交往的过程中注意控制谈话对象的视线，那么他成功交往并且让别人记住他的概率会大大增加。有一项研究强调了视觉器官的重要性：在我们人类所有接收的信息中，有超过 65% 以上是通过视觉器官获得的。听上去视觉控制是一项非常深奥的学问，其实在日常生活中，这项技巧经常被用到。比如，老师借助教鞭讲解黑板上某个问题的重点，就是一种典型的视线控制方法，这样有助于提高学生的注意力。

那么，在交流中，眼睛究竟“说”了些什么呢？

（1）说出了认真

这是人们在洽谈业务、磋商交易和贸易谈判时使用的一种凝视行为。

让我们设想人的前额处有一个三角形，如果一双眼睛盯在这一区域内，那么就制造了一种严肃的气氛，而对方也能感觉出这种眼神是认真的。

（2）说出了友善

这是人们在社交场合，如茶话会、舞会等各种聚会中所使用的注视行为。这种注视也是用眼睛看着对话者的三角部位。这个三角是以两眼为上线，嘴为下顶角，也就是在双眼和嘴之间。当你看着对话者脸上的这个部位时，就会造成是一种社交气氛，就好似对谈话者说：“嗨，我们是朋友！”

（3）说出了亲密

若想亲近某人，你的眼光会游移在对方眼睛至下巴乃至上半身之间。在亲密关系中，你眼睛注视的是对方眼睛至胸部的三角区域；如果关系更近一步，你的注视会是在对方眼睛至胯部的区域。相爱的恋人这样彼此对视，就是在向世人表白：“我们是亲密的一对儿！”

（4）说出了轻视

轻轻斜睥一瞥是一种用来表示轻视或敌意态度的注视行为。如果这种行为伴随着微笑和略微翘起的眉头，就是在告诉别人：“我对你感兴趣！”如果伴随的是眉毛下垂、嘴角下撇，这种注视就成了一种表示猜疑、轻视、敌意或批评性的人体信号。

因此，与人见面时，不论是陌生的还是熟悉的，不论是偶然相遇还是如期约会，都要睁大眼睛，目视对方，面带微笑，显现喜悦和热情。如果你希望给对方留下很深的印象，就要凝视对方，目光长久交流。英国一位心理学家做过实验，发现人们在沟通表达时，眼睛停留在对方身上的平均注视时长为 2.95 秒，在这个基础上，他提出“5 秒钟对话”的概念，也就是 2.95 秒再加上 2 秒。这个时间的长度相当于你在表达时，看着其中一个听众的眼睛，对着他说完一句话，让他觉得这句话是你完全对着他一个人说的，让他有一种和你促膝谈心、听你娓娓道来的感觉。这句话说完后，你再将目光移向下一个听众，重复“5 秒钟对话”的过程。运用5秒钟对话法，对着一个客户的眼睛真诚地说完一句话时，大多数情况下，他会情不自禁地点头回应、认可你所说的内容。这点经验对我们来说极其重要。

当然，运用眼神与客户交流时也有一些禁忌。

(1) 忌使用有敌意、轻蔑的眼神

我们的目光必须是友善、温和的，这一点非常重要。表达的目的是为了让对方感到春天般的温暖，肃杀凌厉的眼神只会激起对方的敌意与愤怒，想尽一切方法来表示反对。

(2) 忌只看物，从不看人

很多时候，表达者由于紧张，或者是因为对要讲的内容不熟悉，目光只是停留在电脑上，从来不去看真正应该看的人。用一个不是太恰当的比喻，这样的表达者就像是把头埋在沙堆里的鸵鸟，以为只要自己看不见，天敌就完全不存在。殊不知，这种做法只会让自己陷入更为被动和危险的境地。职场表达也是如此，你的眼神如果完全忽略了听众，只会让听众觉得你漫不经心，不在乎他们；反过来，他们对你也会做出同样的选择。

(3) 忌东张西望、左顾右盼

有时候，表达者为了显示自己没有忽视任何一个听众，目光像探照灯一样，快速地在听众中来回扫过。实际上，这种凌乱飘忽的目光会让人觉得表达者缺乏安全感。

6. 谈吐优雅，赢得客户的好感

优雅的谈吐体现着一个人的文化修养，同时也是注意礼貌、礼节的表现。因此，与客户交谈时应注意用优雅的谈吐来赢得他人的好感。优雅谈吐的关键是语言要文明，多使用一些敬语、谦语和雅语，就会让你提升一个境界。

（1）敬语

敬语，亦称“敬辞”，它与“谦语”相对，是表示尊敬礼貌的词语。除了礼貌上的必须之外，能多使用敬语，还可体现一个人的文化修养。与客户谈话，多用敬语，体现出对客户的尊重，也展现自己的修养。不过要注意敬语的使用有特定的场合，并非任何时候都需要用敬语。一般在比较正规的社交场合，与师长或身份、地位较高的人的交谈，与人初次打交道或会见不太熟悉的人谈话或是会议、谈判等公务场合下，才适合使用敬语。与一个相熟的朋友也总是“阁下”“尊驾”，就未免太生疏了，不合时宜，所以用敬语要注意场合。

常用的敬语包括：“请”“您”“阁下”“尊夫人”“贵方”等，另外，还有一些常用的词语用法，如初次见面称“久仰”，很久不见称“久违”，请人批评称“请教”，请人原谅称“包涵”，麻烦别人称“打扰”，托人办事称“拜托”，赞人见解称“高见”等。

（2）谦语

谦语，亦称“谦辞”，它是与“敬语”相对，是向人表示谦恭和自谦的一种词语。谦语最常用的用法是在别人面前谦称自己和自己的亲属。例如，称自己为“愚”，称自己的父母兄嫂为“家严、家慈、家兄、家嫂”等。自谦和敬人，是一个不可分割的统一体。尽管日常生活中谦语使用不多，但其精神无处不在。只要你在日常用语中表现出你的谦虚和恳切，人们自然会尊重你。

（3）雅语

雅语，是指一些比较文雅的词语。多使用雅语，能体现出一个人的文化素养，也是尊重他人的表现。如你正在招待客人，在端茶时，你应该说：“请用茶。”假如你先于别人结束用餐，你应该向其他人打招呼：

“请大家慢用。”当然，雅语的使用不是机械的、固定的。只要你的言谈举止彬彬有礼，人们就会对你的个人修养留下较深的印象。

除了使用敬语和雅语，平常与客户交流时还要做到以下几点，才显优雅，更能赢得客户的好感。

（1）语言要亲切，表情要自然

无论与谁交谈都要平等相待。与上级、长辈交谈不要卑躬屈膝、低声下气；和下级、晚辈交谈，态度要和蔼，不要居高临下；与客户交谈应大方得体，表情自然，还要讲究交谈方法；为了表达某些内容，做手势时动作不宜过大，不要手舞足蹈，更不要用手指着对方讲话。

（2）谈话避免以自我为中心

交谈是信息的相互交流过程，只有出现双方都感兴趣的话题时，才预示着谈话正趋向成功。因此，谈话应避免以自我为话题中心，滔滔不绝，自以为是，炫耀自己，忽视他人。谈话中应随时注意对方的反应，观察对方的表情、动作，以判断其对谈话的关注程度。一旦发现对方对话题不感兴趣，应立即调整话题。另外，要给别人讲话的机会，可用提问的方式让对方思索并发表见解。

（3）不要谈论个人隐私和粗俗话题

在交谈中，涉及个人隐私、避讳的内容不要谈论，对方不希望谈论的事情也不要谈。另外，要避开粗俗的话题，不要使用粗俗或不雅的口头语，否则使人感到格调低下，甚至会冒犯对方。

（4）谈话时保持适当距离

说话通常是为了与别人沟通思想，要达到这一目的，首先必须注重说话的内容，其次必须注重说话时声音的轻重，使对话者能够听明白。这样在说话时必须注重保持与对话者的距离。说话时与人保持适当距离也并非完全出于考虑对方能否听清自己的说话，另外还存在一个怎样才更合乎礼貌的问题。从礼仪上说，说话时与对方离得过远，会使对话者误认为你不愿向他表示友好和亲近，这显然是失礼的。然而，假如在较近的距离和人交谈，稍有不慎就会把吐沫溅在别人脸上，这是最令人讨厌的。有些人，因为有凑近和别人交谈的习惯，又明知别人顾忌被自己的吐沫溅到，于是先知趣地用手掩住自己的口。这样做形同“交头接耳”，样子难看也不够大方。因此从礼仪角度来讲，一般保持一两个人的距离最为适合。这样做，既让对方感到有种亲切的气氛，又保持一定的“社交距离”，在常人的主观感受上，这也是最舒适的。

（5）恰当地称呼他人

无论是新老朋友，一见面就得称呼对方。每个人都希望得到他人的尊重，人们比较看重自己已取得的地位。对有头衔的人称呼他的头衔，就是对他莫大的尊重。直呼其名仅适用于关系密切的人之间。你若与有头衔的人关系非同一般，直呼其名来得更亲切，但若是在公众和社交场合，你还是称呼他的头衔会更得体。对于知识界人士，可以直接称呼其职称。但是，对于学位，除了博士外，其他学位，就不能作为称谓来用。

（6）优雅的举止

常言道：“小节之处见精神，言谈举止见文化。”一个人优雅的谈吐、自然的举止，不是为了某种场合硬装出来的，而应是日常生活中形成的习惯，是一种长久熏陶、顺乎自然的结果。要成为一个举止优雅的人，就要在日常生活中成为交际场合中的强者。生活中有意识地调整、训练自己的言谈举止，不断提高自己的文化素养，从而成为交际场合中的强者。

在工作中，我们谈吐优雅，语气和蔼亲切，耐心解释，即使问题没有得到解决，客户也能心悦诚服地接受，满意而归，给客户留下很好的印象，让客户得到心理上的满足，有利于解决问题。所以，优美的语言是提高服务质量和服务满意度必不可少的条件。

香玲天生一副好嗓子，声音柔媚轻柔，可因为她经常在家发脾气，养成了一生气就大呼大叫的毛病。有一次，她参加朋

友的宴会，看到一个冰清玉洁的女孩，那精致的五官，真算得上是绝色美女了。身为同性的她，也不由得睁大眼睛迟钝了片刻，呆呆地盯着她看。就在香玲感叹世间竟有如此美丽少女时，她听到美丽的女孩和一旁的女伴打招呼，就在美女脱口出声的瞬间，香玲惊呆了，她怎么也没有想到，美女的语态粗俗、音质沙哑，随着美女的说话声音，那国色天香的美开始失色。事后，香玲真为她惋惜，同时也深深地感到女人语言的魅力。

从那以后，香玲开始有意地训练自己的声音，在生活中，尽量使用优美的声音和人交流。几年后，她的好声音就为她带来了好运气。大学毕业后，她在创业之初，开了一个服装小店。由于她的声音属于低音量，音质偏柔偏软。于是，当她用略带轻柔的普通话和客人沟通时，真是大大地帮助了她，不少客户因为她动听的普通话而喜欢、信任她。

在客户交往中，语言是十分关键的沟通技巧。假如言语得体，你会获得他人的好感，赢得大多数人对你的喜爱。因此，要让自己的说话保持言之有礼，谈吐优雅。比如，注意说话的语言，用语要保持谦逊、文雅。控制好声音的大小，说话最忌讳口里像含着糖，含糊不清。与人交谈时，语速不要太快，咬字一定要清晰，音量要适度，只要能达到让对方听清、听准就好，不用以“吵架”的音调来谈话，这样会让听者觉到不自在，缺少亲切自然之感。谈吐优雅才能表现出对客户的尊重，赢得客户的好感，与客户建立起良好的互动关系。

7. 亲切大方，提升你的亲和力

工作生活中，有的人身上往往有一种魔力，像磁铁一样，无形之中在他的周围产生巨大的磁场，吸引人们不由自主地向他靠近，乐于与他交往。这种力量就是亲和力。亲和力是指交际主体与人交往时所散发出来的让交际对象钦佩、赞赏、认同的高尚品德和人格魅力。施展亲和力是获取客户好感、取得交际实效最轻巧的方法。

一次，大家闲谈时，小米说："我每次洗完脸后，都要擦上'黄瓜洗面奶'。"话音刚落，周围的人立刻哈哈大笑起来。一些人当面奚落小米的无知，因为"洗面奶"是洗脸用品，不是"润肤霜"之类的化妆用品。小米满脸通红。此时，好心的邹大姐出面打圆场："小米是说洗脸要洗两次，才能洗干净。况且'黄瓜洗面奶'作为化妆品用，也不错呀！它一样可以养颜护肤呀！"邹大姐的几句话，使小米摆脱了尴尬，她十分感激邹大姐。

具有亲和力的因素因人而异，从某种程度上来说，亲和力的标准存在于旁观者的认识中。比如，在关键时刻，帮助别人化解尴尬，也可让他对你倍感亲切。那么，在工作中如何提升这种亲和力，使客户愿意和你交往呢？

（1）保持谦和的姿态

交际中，谦和的姿态是一种品格，一种境界，一种胸怀。凡是品德高尚、境界高远、胸怀博大的人都会恭谦处世，恭敬待人。谦和的姿态表达的是尊重的信息，平易近人的风范，可以迅速拉近与交际对象的距离，提升交际的融洽度，增添交际的亲和力。

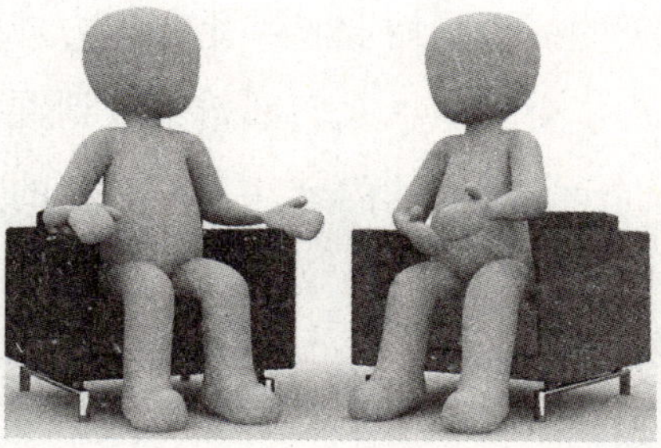

交际中，无论是大人物还是小人物，富有者还是贫贱者，谁都愿意结交谦和守礼的人，唾弃张狂跋扈的人。谦和的姿态好像有点自抑形象，不利于施展交际的亲和力。其实不然，大量的交际实践证明，谦和的交际姿态不仅无损交际形象，而且可以大大地提高交际的融洽气氛，产生亲和感，增强交际的亲和力。

(2) 面带亲切的笑容

交际中，亲切的笑容是一张有情无言的名片，是无须任何成本的感情投资，是施展亲和力的“开场白”，是开启成功交际的金钥匙。亲切的笑容使人赏心悦目、心情开朗、惬意舒坦。无论亲密或生疏，只要粲然一笑，世界都会向你敞开温暖的怀抱。

灿烂的笑容是会传递的，即便是你碰上了冷漠的人或者是心情不愉快的人，在你亲切笑容的感染下，他的坏心情也会逐渐好起来。心情好了，话就投缘了，话投缘了，事就好办了。所以，我们外出搞公关交际，首先给别人一张笑脸。

交际中，人们都希望同热情和善的人打交道，不愿意同冷漠无情的人交往。但是，请别忘了你怎么对待别人，别人就会怎么对待你。如果你吝啬自己的笑容，就别想看到别人的笑脸。我们常说能够从别人的脸上读到自己的表情，那是因为你对别人的态度事实上就是别人对你的态度。所以不要抱怨别人，应当先检查自己。亲和力不是别人恩赐的，而是我们自己营造的。

(3) 谈吐甜美的话语

交际中，甜美的话语似琼浆玉液，是令人心醉的美酒，可以收到

“酒不醉人人自醉”的奇妙效果。甜美的话语不在于多少，而在于贴心，在于恰巧表达到心坎上，催生同情共鸣，制造和美的交际氛围。甜美的话语是博取和孵化亲和力的有效方法。

交际中，人们都希望听到顺耳贴心的话语，反感粗暴缺乏人情味的训斥。同样的内容从不同教养的人口中表达出来，效果是不一样的。

一个富有人文情怀的善言者，即使怀揣负面信息，他也能够通过甜美的话语表达出顺耳贴心的内容，博取交际对象的好感和感动，赢得亲和感。

（4）表达诚挚的关爱

交际中，诚挚的关爱犹如温吞水添了一把火，平和的温度立刻就炽热起来；犹如清汤里投进了调料，平淡的味道立刻就鲜美。再平常的关系只要融入了诚挚的关爱，彼此就会热乎起来。诚挚的关爱营造了和乐融融的交际氛围。

交际中，人们都乐意同热情富有爱心的人来往，不喜欢自私冷酷的人。与人交往，设身处地为客户着想，真心实意地关爱客户，不仅表现了高尚的品格，在交际对象心里还会产生爱的反响，引发爱的合唱。

（5）拥有豁达的气度

交际中，豁达的气度可以减少不必要的人际摩擦，营造宽松的人际环境，保持人际关系和谐。只要不是原则性问题，完全可以本着“大事化小，小事化了”的态度，大度宽容，给人留出情绪伸张的空间，保持亲和度，维护凝聚力，强化亲和力。

交际中，无论是挚爱亲朋还是邻里熟人，心胸豁达、宽容大度的人受欢迎；小心眼、针尖对麦芒、得理不饶人的人遭排斥。有容乃大，豁达的气度显示的是一个人的气魄、襟怀、度量，如同磁场一般彰显着人格亲和魅力。

总之，你要让对方感受到你的亲切，就应努力与对方取得共识，保持态度一致，寻找思想共鸣。这样大大提升你的亲和力，让你身上的

“磁力”越来越强，周围的“磁场”越来越大，让你身边的朋友越聚越多。

8. 小心不良动作和言语会让客户产生反感

人常说“细节决定成败”。与客户交往中，员工一个小小的不良动作，或一句不适当的话语，都可能会破坏会谈的成功，使销售工作陷入僵局。可见，不良的动作或言语会坏你的好事，你的一言一行、一举一动都关系到拜访的成败。那么什么样的动作言语是不良的呢？

与客户交往中，不良的动作言语包括以下几个方面内容。

（1）讲话时夹带不良的口头语

如果在与客户的交流中无意中夹带一些不良的口头语，就会使你的交谈结果大打折扣，因为夹带不良的口头语是一种陋习，极不文明，一定要克服掉。

（2）谈论客户生理上的缺陷

这样做会在客户心理上造成伤害。这种行为是客户绝对不能容忍的，甚至会激怒客户。因为不论你是有意的还是无意的，都将大大地伤害对方的自尊心。正如一位诗人所言：“也许你并没有在意，但你那温柔的伤害，对我却是致命的一击。”

（3）夸夸其谈、忘乎所以、高谈阔论、大声喧哗

夸夸其谈、忘乎所以就容易导致行为失礼，如说话时，把脚跷起来放到茶几上或桌子上。而高谈阔论、大声喧哗则会让客户感觉你目中无人。

（4）坐相不好

双脚叉开、前伸，人半躺在椅子上。这样显得非常懒散，而且缺乏教养，对客户不尊重，这会被对方认为是不认真的人，对方亦会用不认真的态度来对待你。

（5）挖鼻子、掏耳朵或剪指甲、舔嘴唇、当众搔痒

挖鼻子、掏耳朵、剪指甲、当众搔痒不宜在客户面前做。尤其是搔痒动作非常不雅，如果你当众搔痒，会令客户产生不好的联想，诸如皮肤病、不爱干净等，让客户感觉不舒服。

（6）客户讲话时，东张西望，或打哈欠、伸懒腰

这样做显得你无精打采，会让客户觉得你精神不佳或不耐烦。

在一个工厂里，有几位工会干部一起去慰问一个退休老工人，有这样一段话："您老身子真够硬朗的，今年高寿？""七十九啦。""人生七十古来稀，厂里数您最长寿吧？""哪里，××活到八十四呢！""那您老也称得上长寿亚军呀。""不过，××去年归天了。""唷，这回可轮到您了。"本来满面笑容的老人一听此言，脸色陡变，话锋顿收。这是因为说话者刚才接触到老人最敏感的问题，老人肯定理解为快要轮到他归天了。

再举个例子，某人为一个同事结婚赠送礼品筹款，他笑嘻嘻地要本单位一位四十多岁的女同志"合伙"，没想到这位女同志竟伤心地哭了起来。原来她至今还未结婚，别人的喜庆勾起了辛酸的往事。但那个经办人居然不避讳，触动了对方的伤感神经，以至于令对方陷入了尴尬的境地。

与客户交往中，我们要懂得说话的忌讳。我们要注意管好自己的口，用好自己的嘴，要知道什么话应该说，什么话不应该讲。不知道所忌，就会造成尴尬，甚至失败。因此，说话要多加考虑，该说则说，不该说的千万别说。说话无所忌讳会使后果无法收拾。可见，在与人交谈

时，若想谈得顺畅，就应该注意对方的禁忌。若不避忌讳，信口开河，不知深浅，没有轻重，就有可能增添周折。因此，在职场中有些话是一定要忌讳的。

小李在一家外企上班，工作环境很好，待遇也不错，而且很受老板赏识。一次，公司在研究一个项目的时候，竞争的人很多，拿到了这个项目也就意味着离升职不远了，最后小李以他的聪明才智给拿了下来。老板决定与小李面谈，把这个项目的具体方案给定下来，那天小李精神特好，想着这么多人竞争，而我却能轻而易举地把它拿下来了，越想心里越舒坦。小李来到老板的办公室，老板对小李又是一番夸奖。面对老板的赏识，小李更是心花怒放。可是接下来的谈话，却让老板把小李请出了办公室，而且这个项目他决定重新安排给别人。原因很简单，就是小李说了一句："靠，你放心吧，我一定能把它搞定！"

仅仅是因为一句不良的口头禅，小李到了最后的关头却失掉了机会。可见口头禅对一个人的影响有多大。养成良好的说话习惯是与别人愉快交谈的基础，也是一个人成功的奠基石。与客户交往中，要改掉不良的口头禅，应充分认识不良口头禅的危害，使自己产生对它的厌恶感。应该看到不良的口头禅是不文明的表现，是与职业人应有的形象不相称的，它可以窥视出一名职业人的精神世界，反映一个职业人的文化素养。试想，如果你时常把粗话脏话挂在嘴上，那么当你同别人交往时，开口便来粗话，有谁还能对你产生良好的"第一印象"？又怎能不使人对你的品德产生疑问呢？再如，在社交场合，你新结识一位朋友，假若他衣着得体、风度翩翩，你就会觉得赏心悦目。可是一旦在不经意的言谈中，这位仪表堂堂的朋友突然冒出几句不堪入耳的脏话来，你就会像在一盘美味佳肴里突然发现了一只死苍蝇一样，对他原有的好感马上被一种厌恶情绪所代替。因此，与客户交往中，应该注意从思想上强化消除“语言垃圾”的动机。员工要想改掉不良的语言或动作，有效的办法是找出它，集中力量改掉。

第三章　做好客户沟通，倾听客户心声

客户沟通是员工最重要的工作任务之一，一切工作都是建立在人与人之间的沟通上的。一个人的沟通能力往往决定着他的办事能力！在职场上，也许一件很普通的小事，由于沟通的水平不同，所获得的效果和回报也大不相同。因此，企业越来越认识到沟通在客户服务中的价值，也要求员工具备有效的沟通能力，做好客户沟通。

1. 记住客户的名字，客户就会记住你

在这个世界上，最美妙的话语不是称赞对方如何貌美如花、如何天生丽质，而是当众叫出她的名字，让她知道你记得她。对一个人来说，名字就是他的第一张名片。因此，在现代企业管理中，不少公司都要求员工记住每个客户的名字。许多公关专家都在强调，从事服务业的人，只要能把客户的名字记住，客户就会记住你。

一位常住的外国客人从饭店外面回来，当他走到服务台时，还没有等他开口，问讯员就主动微笑地把钥匙递上，并轻声称呼他的名字。这位客人大为吃惊，由于饭店对他名字有印象，使他产生一种强烈的亲切感，旧地重游如回家一样。

还有一位客人在服务高峰时进店，服务台问讯小姐突然准确地叫出："××先生，服务台有您的电话。"这位客人又惊又喜，感到自己受到了重视，享受到了特殊的待遇，不禁添了一份自豪感。

另外一位外国客人第一次前往住店，前台接待员从登记卡上看到客人的名字，迅速称呼他以表欢迎，客人先是一惊，而后作客他乡的陌生感顿时消失，显出非常高兴的样子。简单的词汇迅速缩短了彼此间的距离。

人最高的需求是得到社会的尊重。当自己的名字为他人所知晓就是对这种需求的一种很好的满足。与客户交往中，主动热情地称呼客人的名字是一种服务的艺术，也是一种艺术的服务。员工通过尽力记住客人

的姓名和特征，借助敏锐的观察力和良好的记忆力，做出细心周到的服务，能使客人留下深刻的印象。

每个人都希望别人记住自己的名字，并准确无误。这含蓄地体现了你对他的关心，并表达了对他的注意，从而缩短了心与心的距离。在与人交往的过程中，如果对一个不是很熟悉的人，记住他的姓名，并且毫不费劲地叫出他的姓名，这会使对方心里暖融融的，对你充满了好感。

吉姆出生于美国纽约的一个小村，自幼家庭贫寒，10 岁那年，父亲和弟弟在一个星期内相继死亡。从此，他只好到砖厂去工作，接着又去做销售员。这个男孩从未有机会接受教育，但他有着乐观的性格和讨人喜欢的本领，后来他从政了，经过多年努力，他养成了一种非凡的记忆人名的奇异能力。他从未见过中学是什么样子，但在他 46 岁以前，4 所大学已授予他学位，他成了民主党全国委员会的主席，美国邮政总监。

有一次，记者采访吉姆，问他成功的秘诀。他笑着说："太多了。"记者被逗乐了，说："不要开玩笑。"吉姆反问记者："你以为我成功的原因是什么？"记者回答说："我知道你能叫出 1 万人的名字来。""不，你错了，"吉姆说，"我能叫出 5 万人名字。"正是这种能力使他后来帮助罗斯福进入了白宫。

在吉姆为一家石膏公司做销售员四处游说的那些年中，他发现了记住别人姓名的重要性，并发明了一种记忆姓名的方法。最初，方法极为简单。无论什么时候遇见一个陌生人，吉姆都要问清那人的姓名，家中人口，职业特征。当他下次再遇到那人时，尽管那可能是在一年以后，他也能拍拍那人的肩膀，叫出那人的名字，并问候他的妻子、儿女、他后院的花草。在罗斯福开始竞选总统之前的数个月，吉姆一天写数百封信，发给西部及西北部各州的人。然后，他乘上轻便马车、火车、汽车、快艇，途经20个州，行程12000英里。每进入一个城镇，吉姆就同那里的人们倾心交谈，然后继续下段旅程。回到东部以后，吉姆立刻给他所拜访过的城镇中每个交谈过的人写信。到了最后，那些信多得数不清，每个人都得到了吉姆一封巧妙赞赏的私函。这些信都用“亲爱的比尔”或“亲爱的杰克”开头，而信函的末尾总是签着“吉姆”的大名。

对任何人来说，世界上最悦耳的声音莫过于听到别人叫他的名字了。当别人在与我们交谈时称呼我们的姓名，我们心里会有一种暖融融的感觉。心理学家认为，当听到叫自己名字时，人的内心会产生喜悦感和满足感。钢铁大王安德鲁·卡内基在有人采访他时，都能准确无误地叫出采访者的名字，然后说道：“我成功的秘诀在于我能记住所有跟我打交道的人的名字，并且不断刷新。”然而，对很多人来说，记住一个人的容貌并不难，可要记住一个人的名字却不那么容易。作为企业员工，可以尝试一些记住名字的方法，随身携带笔记本随时记录，并利用重复记忆、联想记忆、谐音记忆等方法，巩固已有印象，效果就会大大超出预期。

与客户交往中，记住客户的名字，主动热情地称呼客户的名字，既是一种情感投资，也是一种营销与服务的艺术。只有记住客户的名字，客户才能记住你的名字。让所有客户记住你的名字，就从有效记住所有客户的名字开始吧！

2. 选择客户感兴趣的话题，实现愉快沟通

在与客户沟通中，客户一般情况下是不会马上对你的产品或企业产生兴趣的，这需要员工在最短时间之内找到客户感兴趣的话题，然后伺机引出自己的销售目的。对于客户十分感兴趣的话题，员工可以通过巧妙的询问和认真的观察与分析进行了解，然后引入共同话题。

善于交际的小张和客户小李初次见面的时候，小张很巧妙地把话题引向这位新客户的相貌上。“你长得太像我的一个表哥了！我刚才差点把你当成他呢！你们俩都是大高个儿，白净脸，都有一种沉稳的气质……他也有这么一件深蓝色的西服……你们俩的样子还蛮像的！”“真的？”小李眼里闪烁着惊喜的光芒。两个人的话匣子就此打开了。我们不得不佩服小张谈话的灵活性。他把小李和自己的表哥相提并论，也就等于在无形之中缩短了两人之间的感情距离；他又在接下来描述两人相貌的时候，顺便巧妙地不露痕迹地赞美了对方，因而使这个不善言谈的新客户也动了心，愿意和小张倾心交谈。

每个人最感兴趣的都是关于自己的话题，特别是对有关自己相貌的话题，每个人都会或多或少地表现出兴趣。在人们初次见面的时候，也总会在陌生人的面孔上寻找自己亲朋好友的影子，说“你长得好像某某某……”之类的话。因此，在与客户进行沟通之前，员工十分有必要花费一定的时间和精力对客户的特殊喜好和品位等进行研究，这样在沟通过程中才能有的放矢。例如，首先从客户的工作、孩子和家庭及重

大新闻时事等谈起，以此活跃沟通气氛、增加客户对你的好感。

通常情况下，可以通过以下话题引起客户的兴趣：提起客户的主要爱好，如体育运动、娱乐休闲；谈论客户的工作，如客户在工作上曾经取得的成就或将来的美好前途等；谈论时事新闻，如每天早上迅速浏览一遍报纸，等与客户沟通时把刚刚通过报纸了解到的重大新闻拿来与客户谈论；询问客户的孩子或父母的信息，如孩子几岁了、上学的情况、父母的身体是否健康等。

有一位大学刚毕业的法律系学生，因为律师考试未能通过，只好在一家法律事务所当职员。按公司规定，试用期间每一个人在一个月内都要拉到一家新客户。可是他刚离开学校不久，又没有任何的背景，每次去拜访一些陌生的新客户，不是吃闭门羹，就是要他回去等消息。眼看一个月的期限就快到了，他已经心灰意冷，打算另谋出路。没想到这个时候奇迹出现了，他不但开发出一个新客户，而且还借着这个客户的引荐，一连吸收了十几家新客户。他不但没有被炒鱿鱼，反而变成了正式职员，薪水也连跳了好几级，成了该事务所的“超级员工”。

这个新人到底是凭着什么本领，能够找到他生命中的“贵人”呢？以下内容是他的自述：

那天，我愁眉不展地踏入那家公司，到了门口的时候，我想到以前几次的闭门羹，就更加踌躇不安。忽然，我看了公关主任桌上的名牌，我想到办法了。

原来这位主任的名字很奇怪的，竟然叫作“万俟明”，而我恰好又很喜欢看传统小说，以前在看《说岳传》时，书中有个坏人的名字就叫“万俟卨”，这个人与岳飞同朝为官，但因为岳飞见他时不以礼相待，两人因此不和。他便迎合奸相秦桧在朝中一再攻击岳飞，后来将岳飞父子下狱害死。如果有在朝为官者替岳飞申冤，也都被弹劾，可以说是个大大的奸臣。

我看《说岳传》时年纪还小，一看到“万俟卨”三个字，就不知道怎么读，所以我特地查了字典，才知道这三个字的读音。也正是因为这样，我才知道“万俟”这两个字的正确读音（万俟作为姓应读作mòqí）。

当时我一眼看见这人的名片上写着“万俟明”，我就礼貌地向前称呼他：“万俟先生，我是××法律事务所的职员，今天特意来拜访您。”

你想不到我这句话有什么反应，我才说完这句话，对方就吃惊地站起来，嘴里结巴着说：“你……你……你怎么认识我的姓，一般人第一次都会念错，大部分人都叫我万先生，害得我总是解释一次又一次，烦死了。”

我听了以后感觉这次拜访似乎会有个好的开始，于是我接着说：“这个姓是复姓，而且又很少见，想必有来源的吧！”

对方听到这里，更是显得神采飞扬，高兴地说道：“这个姓可是有来由的，它原是古代鲜卑族的部落名称，后来变成姓氏的拓跋氏，就是由万俟演变而来的。”

我看到对方越来越高兴，于是接口问道：“那您就是帝王之后，系出名门了！”

那位万俟明先生听了更加高兴地说下去：“岂止是这样，这个姓氏一千多年来也出了不少名人，例如，宋代有个词学名家叫万俟咏，自号词隐，精通音律，是掌管音律的大晟府中之制撰官，另外写了一本词作，周邦彦取名为《大声集》。后人都尊称他‘万俟雅言’。”

用这个少见的姓氏做话题，我和那位公关主任聊了起来，尽管我并未说明来意，也没谈什么细节，但光凭这次愉快的交谈，就让我开发出一家财团做客户。而这家财团旗下所有的关系企业，全都与事务所签下了合约，聘请我们做法律顾问，为我们事务所增加了前所未有的业绩。

这位幸运的小伙子仅凭一次偶然的机会就让自己获得了巨大的成功，其关键之处还在于他巧妙地找到了一个让对方为之惊讶的话题，这种惊讶的结果使彼此双方在一种愉快的氛围里交谈，从而也达到了自己的目的。

与客户交往中，找到一个有趣的话题才能打开话匣子。这样，从别人感兴趣的话题入手，那么交谈的双方就能谈得非常尽兴。同时，你也就能实现自己的目的。因此，我们要善于迎合客户的兴趣，投其所好。唯有这样，我们才能打动客户，使进行中的事情达到我们的期望。

在寻找客户感兴趣的话题时，要特别注意一点：要想使客户对某种话题感兴趣，你最好对这种话题同样感兴趣。因为整个沟通过程必须是互动的，否则就无法实现具体的目标。如果只有客户一方对某种话题感兴趣，而你却表现得兴味索然，或者内心排斥却故意表现出喜欢的样子，那客户的谈话热情和积极性马上就会被冷却，这是很难达到良好沟通效果的。所以，我们员工应该在平时多培养一些兴趣，多积累一些各方面的知识，至少应该培养一些比较符合大众口味的兴趣，比如体育运动和一些积极的娱乐方式等。这样，等到与客户沟通时就不至于捉襟见肘，也不至于使客户感到与你的沟通寡淡无味了。

3. 善于询问，了解客户的真正想法

与客户交往中，询问是最重要的沟通手段之一，它能使客户因自由表达意见而产生参与感。因此，询问在客户沟通上扮演重要的角色，你

不但可以利用询问技巧来获取所需的信息并确认客户的需求，而且能主导客户谈话的主题，了解客户的真正想法。

当然，询问是有技巧的，任何时候不太可能一模一样，所以在向陌生客户发问时，还要注意发问的方式。目前在营销界运用比较普遍的询问形式主要有两种：开放式和封闭式发问。开放式的询问方法又分为“直接询问”和“间接询问”，一般适合在跟客户刚开始接触、话题不多时可以使用这种方式，可以引出很多有利的话题和信息，也不至于冷场。当无法对客户的意图做出准确判断时，这时需要用封闭式询问来获取对方的最终想法，如“是或否”的提问方式和二选一的提问方式。切记在刚开始时不要采用这种发问方式，因为这种发问的回答很简单，容易导致没有话题而冷场。

服务员：“李老板，您穿多大码的西装？”

李老板：“188 的。”

服务员：“李老板，以您的身材想挑一件合身的衣服，恐怕不容易，起码衣服的腰围就要做一些修改。请问您的西装都是在哪儿买的？”

李老板：“近几年，都是在 × × 西服买的。”

服务员：“ × × 西服不错。”

李老板：“我很喜欢这家公司。但是，正像您说的，我实在很难抽出时间挑选适合我穿的衣服。”

服务员：“其实，许多人都有这种烦恼。要挑选一套自己喜欢、适合自己身材的衣服比较难，不如专业定做。”

服务员：“您穿的西服都是多少钱买的？”

李老板：“一般都是 10000 元左右。您卖的西服多少钱？”

服务员：“从 5000 元到 20000 元都有。”

服务员：“定做能给客户带来许多方便。他们不出门能就买到所需的衣服。”

服务员："本公司还有一套很好的服务计划。假如您的衣服有了破损、烧坏的情形，您只要打电话，立即上门服务。"

李老板："是啊，我有一件海蓝色西装，是几年前买的，我很喜欢，但现在搁在家里一直没有穿。因为近几年我的体重逐年减轻，这套西装穿起来就有点肥。我想把这套西装改小一点。"

就这样，服务员问出了李老板有一套海蓝色的西装需要修改的真实意图。

在客户沟通中，巧妙的询问显得尤其重要！它可以让你在短短几分钟时间，快速了解一个陌生客户的实际需求，他们过去经销相关产品的经验，以及他们现在想找什么样子的新品牌或产品等，这些重要信息都有助于提高拜访客户的成功率。需要提醒的是，与"询问"同样重要的是"倾听"。除了要善于提问，你还得搭配运用倾听技巧，如此，你才可能真正接近客户。

在你提出一个个问题时，客户可能会感到你的关切、你的好奇、你的诚恳虚心，但如果方式不当，客户则会感到自己在受盘问，甚至受审问，这可不行。所以问要问得让对方舒服，不能让对方为难，感到紧张受威胁。为此，每个问题不要包含多于一个的内容，这样回答起来难度会明显加大。所以不要着急，一个问题一个问题来，不要让客户伤脑筋。把节奏放慢一些，提出一个问题后，对方没有马上回答也没关系，等几秒，让对方想一想。不要逼得太紧，问了以后看对方没回答，又赶紧说："我的意思是……"或者说："这个问题您是不是没考虑过？那我换个问题吧。"而当客户回答了问题，你也不要马上就提下一个问题；沉默几秒钟，自己在本子上记一下，或者自己琢磨一下刚才客户的话。总之，这样做的目的都是要放缓节奏。

提问是一种沟通，而沟通有可能不畅。如果不畅，把责任往自己身上揽，这样客户就舒服了。不要问："您明白我的意思吗？"这话听着

是在怀疑客户的智商；而应该问："是不是我的问题表达得不清楚?"这就是一种低调谦逊的态度，客户喜欢。为了深入了解客户的想法，可以抓住一个话题一路深入下去，能了解到客户更深层的想法。最后，为了更明确了解客户的想法，可以使用验证式提问。前面的询问过程中，有些是客户自己有明确想法的，有些是经过提示引导想出来的，而且谈了那么多，现在，要通过验证式提问，加以明确和总结，聚焦到几点上，这样在后面阐释时才有针对性。

与客户交往中，客户说话如果有点断断续续，思路没连贯起来，那就要进行鼓励："您说得很好，还有呢?""啊，原来是这样！还有什么看法?"如果客户的某个词自己没听明白，可以果断要求澄清，比如："您说的30%是指的什么?"客户会喜欢你这种认真的态度，那是要听进去客户说的每一个字。当客户说完了一大段后，可以表达一下同感，表达一下自己类似的体验，这就有了一唱一和的气氛。

4. 做个好听众，倾听客户内心的需求

我们在与人交谈中，学会倾听，不随便打断对方的话是对别人的一种尊重！在现实生活中，只有先给出自己对别人的尊重，才能得到别人对自己的尊重。因此，在与客户交谈的过程中，同样也应该注意尊重对方，而尊重对方最起码的要求就是不要随便地打断对方的话。

美国知名主持人林克莱特一天访问一名小朋友，问他说

"你长大后想要做什么？"小朋友天真地回答："我要当飞机驾驶员！"

林克莱特接着问："如果有一天，你的飞机飞到太平洋上空，所有引擎都熄火了，你会怎么办？"小朋友想了想："我会先告诉坐在飞机上的人绑好安全带，然后我挂上我的降落伞先跳下去。"

当现场的观众笑得东倒西歪时，林克莱特继续注视着这孩子，想看他是不是自作聪明的家伙。没想到，接着孩子的两行热泪夺眶而出，这才使得林克莱特发觉这孩子的悲悯之情远非笔墨所能形容。于是林克莱特问他："为什么要这样做？"小孩子的回答透露出一个孩子真挚的想法："我要去拿燃料，我还要回来！我还要回来！"

因此，当你听别人说话时——不要随便打断别人，要等对方把他所要表达的意思表达完整。这就是听的艺术。认真地听别人的谈话，可以吸取对自己有益的经验，增进相互理解，丰富自己的头脑，实在是受益良多。

世界上的难事之一便是闭上嘴巴，假如你不竖起耳朵，不适时地闭上嘴巴，你就会失去无数机会。切记，千万不要太忙于说话，要学会"听话"。交谈的双方在对方谈话的时候均要认真倾听，不要随便打断对方的话，如果必须插话，则应该等对方谈话间歇的时候再插入，而且要表示歉意："对不起，我想插一句。"很多人常常迫不及待地想发表自己的见解，顾不上细听别人的话，这不仅不礼貌，也是错误的。

查理是一家维修公司的业务员，一天，他对客户史宾塞先生说："史宾塞先生，经过我的仔细观察，我发现贵厂自己维修花费的钱，要比雇用我们来干花的钱还多，对吗？"

史宾塞先生说："我也计算过，我们自己干确实不太划算，你们的服务也不错，可是，毕竟你们缺乏电子方面的……”

还不等史宾塞说完，查理就说：“噢，对不起，我能插一句吗？有一点我想说明一下，没有人能够做完所有事情的，不是吗？修理汽车需要特殊的设备和材料，比如……”

史宾塞先生说：“对，对，但是，你误会我的意思了，我要说的是……”

没等史宾塞先生说完查理又接着说：“您的意思我明白，我是说您的下属就算是天才，也不可能在没有专用设备的情况下，干出像我们公司那样漂亮的活儿来，不是吗？”

史宾塞先生说：“对不起，你恐怕还是没有搞懂我的意思，现在我们这里负责维修的伙计是……”

查理又急急地插话说：“史宾塞先生，现在等一下好吗？就等一下，我只说一句话，如果您认为……”

这次，没等到业务员查理说完，史宾塞先生却说：“我认为，你现在可以走了。”

与客户交往中，倾听是一种销售手段，倾听更是一种个人的修养。业务员被下逐客令，原因是这个业务员三番五次地打断史宾塞的讲话。在客户沟通中，这是一大忌！在现实生活中，经常随意打断对方讲话的人，也让讲话者生厌。事实上，善于听别人说话的人是不会经常打断别人说话的。社会心理学家在对人际关系的研究中一致认为，人际相处的一个最根本的信条就是“不打断对方”。只有完全倾听对方的话，这样，才能使对方开怀畅谈。

某名表专柜前，一位员工正在向客户销售手表。这时，她注意到客户手腕佩戴的是一块国产梅花表。

“先生，你现在佩戴的这块表也很好看哦，很经典的。不过看款式，应该是比较早一点的吧。”

“对。我妈妈送给我的。戴了几十年了，很有感情。那时候，手表是很贵重的礼品。”

“那你今天想买一块什么样的表呢？”

“过几天是我妈妈七十大寿的日子，我想选一个特别的生日礼物送给她。”

通过聆听客户讲述自己的故事，员工迅速做出了以下判断：客户对商品的心理需求倾向于情感层面，感谢母亲这些年为自己的付出，希望能通过礼物向父母表达自己的孺慕之情。

在这样的分析结果下，员工判断客户希望购买手表作为贵重礼品，价格以中高档为宜。

所以，员工立即对客户做出了回应：“呀，你母亲七十大寿了，真是可喜可贺。我们有专门针对老年人开发的系列产品。上次也有位客户在此购买这款表作为祝寿大礼，深得老人家欢心。请到这边来看一下。”

与客户交往中，客户讲得越多，销售成功的可能性越高。员工摆出倾听的姿势，让客户说出自己的故事，从他的叙述中迅速判断出客户的购买需求，做出正确回应，有效促进了交易的成功。专心听客户讲话的气度是我们所能给予客户的最大赞美和尊重。学会倾听，是许多成功者说话的秘诀。多数员工在与客户交谈的时候，不注意倾听。他们只关心自己要说什么，他们不知道用耳朵交流，只知道抓准机会滔滔不绝。其实，每个人在与别人交谈的时候，都喜欢善于倾听而非善于交谈的人。

不懂得倾听客户讲话，是客户沟通的大忌。注意倾听才能给客户留下良好的印象。许多人之所以不受欢迎，并不是因为他们口才不好，而是因为他们不懂得倾听。如果你要成为一个受欢迎的人，你需要倾听别人的谈话。问别人所喜欢回答的问题，鼓励他谈谈他自己和他的成就。与客户交往中，做一个善于倾听的人，鼓励别人多谈谈他们自己吧，这样你会有意想不到的收获！

5. 投其所好，与客户建立情感联系

客户沟通的关键点就是建立信赖感，而信赖感的建立除了研究透客户的心理，弄明白客户心理的真正想法之外，就是建立和客户之间的情感联系，继而解决客户问题，满足客户需求，达到成交的目的。

情感往往会影响一个人的行为，对员工来说，和客户建立情感联系能很大程度地鼓励目标用户的行为。在建立良好的情感联系之后，优秀销售员的言行举止都会向客户传达这样一种信息：他是在为客户谋利益，而不是一心想要掏空客户的钱袋。继而关注细节，对客户有全面透彻的了解，帮助自己的销售获得成功。情感动力不仅能为企业提供客户未来价值的标准，还可以成为增长和盈利的重要新来源。所以，企业必须要确保客户的情感联系和具体的参与目标协调一致，这样才能促成客户的行动。

在美国一家煤炭商店，有一个叫拿佛的销售员。这家商店生意虽然还算不错，但隔壁的那家规模庞大的连锁商店，用煤炭从来不肯到拿佛的店中进货，宁愿跑远路到别的煤炭商店去购买。拿佛对这一情况百思不得其解，每当他看到连锁商店的运输卡车，拉着从别家店中购买的煤炭，从自己的店门口飞奔而过时，心中便泛起一种说不出来的滋味和苦恼。“这样下去不行！连近邻的关系都打不通，我不算是一个合格的销售人员！”于是，拿佛暗下决心，一定要说服邻家的连锁店经理从他们的店中购买煤炭。

有一天上午，拿佛彬彬有礼地出现在连锁商店总经理的办

公室里。“尊敬的总经理先生！”拿佛说道：“今天来打扰您并不是为了向您推销我店的煤炭，而是有一件想请你帮助的事：最近我们准备就‘连锁商店的普及化将对我国产生什么影响’为题，开一个讨论会，我将在会上进行发言。你知道，在这一方面，我是个外行。因此，我想向您请教有关这方面的一些知识和情况。因为除了您，我再也想不到一个能给我以指点的更加合适的人了。我想您不会拒绝我的请求吧！”结果怎样呢？事后，拿佛说道：“原先，我和这位经理约定，只打扰他几分钟。这样，他才同意接待我。结果，我们谈了将近两个小时。这位经理不仅谈了他本人经营连锁商店的经过，他对连锁商店在国家商业中的地位与作用的认识，而且还吩咐一位曾写过一本关于连锁商店的小册子的部下，把他写的一本书送给了我；他又亲自打电话给全美连锁商店工会，请他们给我寄一份有关这个问题的讨论记录稿副本。谈话结束，我正要起身告辞的时候，这位经理笑容满面地将我送到门口。他祝我在讨论会上的发言能赢得听众，又再三叮嘱我一定要将讨论会的详情告诉他。临别时，他对我说了最后一句话：‘从春季开始，请你再来找我。我想本店的用煤由贵店来提供，不知道可不可以？’”

一个很长时间都没能解开的死结，被拿佛用两小时的谈话就解开了。这奇怪吗？每个人都有他自己的喜好。当交谈涉及这个领域时，交谈的双方很自然地就会感觉到自己像遇到“知音”一样。

投其所好能让别人对自己留下深刻的印象，产生好感。钓鱼时用的鱼饵，不是您所喜欢吃的东西，而是鱼最喜欢吃的食物。与人交谈沟通时，勿忘“投其所好”。无论是与人交谈还是求人办事，投其所好就是唯一的捷径。如果你能投其所好，说的话就能深入人心；如果反其所好，只会招来对方的厌恶，为自己带来一些不必要的麻烦。

爱德华·查利弗从事的是童军教育工作，有一次，他为了赞助一名童军，参加了在欧洲举办的世界童军大会。这时，他很需要筹措到一笔经费，于是，他前往当时美国一家数一数二的大公司，亲自拜访公司的董事长，希望他能够慷慨解囊。而在这之前，爱德华听说这位董事长曾经开出过一张100万美元的支票，后来支票因故作废，他还特地将之装裱起来，挂在墙上，留作纪念。

于是，爱德华一踏进董事长办公室，便立即针对100万美元的事，要求参观一下这张被装裱起来的支票。爱德华还告诉董事长，自己以前从没见过任何人开过如此巨额的支票，因此很想见识，好回去说给他的那些小童军们听。董事长听了很开心，于是便毫不犹豫地答应了爱德华的请求，并将当时开出那张支票的详细情形，一一解说给爱德华听。结果，当董事长说完那张支票的故事之后，还没等爱德华提及，就开始主动问他的来意。在爱德华说明了自己的来意之后，出乎他意料的是，这位董事长不仅答应了他的要求，还答应赞助五名小童军去参加童军大会，并且负责全部的开销。此外，他还亲笔写了一封推荐函，要求欧洲分公司的主管提供所需的一切服务。

试想一下，如果当时爱德华事前并不知道董事长的兴趣所在，没有做到一见面就投其所好，谈论对方感兴趣的话题，事情恐怕就没那么顺利了。因此，与客户建立情感联系要投其所好。由于成长经历和生活环境的不同，许多客人都会有不同方面的特别爱好。例如，有人喜欢可乐，有人就只喝白开水；有人钟情于海鲜，有人海鲜过敏；有人在安静的环境酣然入梦，有人需要音乐才能入眠……因此，我们的服务要“投其所好”，“投其所好”的服务是在规范服务基础上的升华，是让客人对我们产生信任和认同感的有效手段。记住客人特别爱好和习惯，进行“投其所好”的服务，不仅需要员工有细致入微的观察，还需要有完善的档案管理系统。用现代化的管理手段把客人的特别爱好和生活习惯记录下来，建立有效的客史档案。当客人重复性购买我们商品的时候，电脑自动把该客人的所有特别之处提示给相关部门，员工就按照客史记载进行产品配置和服务。记住客人爱好和习惯，给客人惊喜，给客人“投其所好”的服务就是对客人最大的重视！

总之，人都是有血有肉的感情动物，客户也是如此。有些客户表面上可能很冷漠，一次、两次、三次拜访他都不合作，但是或许再坚持一下就能成功，客户可能不光在比较产品，更是在考察人品，所以要学会用情感去感动客户。

6. 赞美客户，不要吝惜自己的溢美言辞

世界上最华丽的语言就是对他人的赞美，适度的赞美不但可以拉近人与人之间的距离，更能够打开一个人的心扉。虽然这个世界上到处都充满了矫饰奉承和浮华过誉的赞美，但是人们仍然非常愿意得到你发自内心的肯定和赞美。从人的心理本质上来看，被别人承认是人的一种内在的心理需求。

刘小姐找了一个保姆，便打电话给那位保姆的前任雇主，询问了一些情况，得到的评语却是贬多于褒。保姆来的这天，刘小姐对她说：“我打电话请教了你的前任雇主，她说你为人老实可靠，而且煮得一手好菜，唯一的缺点就是理家比较外行，老是把屋子弄得脏兮兮的，我想她的话并非完全可信。你穿得很整洁，人人可以看得出。我相信你一定会把家里照顾得

井井有条，同你人一样整洁干净。你也一定会同我相处得很好。”保姆听到刘小姐这样说，下定决心一定要好好表现，结果，她们相处得很愉快，保姆真的把家里打扫得干干净净，而且非常勤劳地工作。

上述生动的故事中，在保姆正式开始工作之前，刘小姐就给她戴上了一顶高帽。“煮得一手好菜”“相信你一定会把家里照顾得井井有条”“你一定会同我相处得很好”。这些话保姆当然爱听，因为是对她的赞赏和肯定，而对刘小姐来说，她的目的不是赞赏保姆，而是对保姆提出这样的期望和要求。当保姆知道自己在刘小姐心中是这样的好印象之后，她会尽力做到最好，使这种好的形象一直维持下去。赞美他人会使别人愉快，更会使自己身心健康。被赞美者的良性回报也会让我们更加自信，增加自身魅力。形成良好的人，际交往模式。在客户沟通中，我们要善于赞美客户。赞美客户要遵循以下的原则。

(1) 寻找一个可以来赞美客户的点

赞美客户是需要理由的，我们不可能凭空地制造一个点来赞美客户，这个点一定是我们能够赞美的点，要有一个充分的理由来赞美你的客户。这样的赞美客户才更加容易接受，这样的赞美客户才能从内心深处感受到你的真诚，即使这是一个美丽的谎言，客户也会非常喜欢。

(2) 这是客户自身所具备的一个优点

我们要发现客户的优点和长处，优点和长处正是我们大加赞美的地方，客户的优点可以从多个方面来寻找。例如，对客户的事业、长相、举止、语言、家庭等多个方面进行赞美，当然，这个赞美要是客户的优点，只有赞美优点才能够让客户感受到你是在赞美他，如果你不加判断地赞美了客户的一个缺点，那么你的赞美只能适得其反。

（3）这个赞美的点对于客户是一个事实

客户的优点要是一个不争的事实，对于事实的赞美和陈述是我们对事物的基本判断，会让客户感觉到，你的赞美没有任何过度的地方，这样的赞美客户更加容易心安理得地接受。

（4）用自己的语言表达出来

对客户的赞美要通过我们组织自己的语言，以一种自然的方式表达出来，如果你用非常华丽的辞藻来说明一个生活中和工作中经常遇到的事情，那么就会被认为是一个太过做作的人，客户对你的话的信任就会打一些折扣。所以用自然的方式来表达你的赞美将是一种非常好的表达方式。

（5）在恰当的时候真诚地表达出来

对客户的赞美要在适当的时机说出来，这个时候才会显得你的赞美是非常自然的，同时对客户的赞美可以适当地加入一些调侃的味道，这样更加容易调节气氛，让客户在心里感觉非常舒服。

一次，一个客户在一款地砖前面驻足很久，员工小刘走过去对他说："您的眼光真好，这款地砖是我们公司的主打产品，也是上个月的销售冠军。"

客户问："多少钱一块呢？"

小刘说："折后价格，150 元一块。"

"有点贵，还能便宜吗？"他追问。

小刘说："您家在哪个小区呢？"

"在东方田园。"他说话爽快。

"东方田园是市里很不错的楼盘了，听说小区的绿化非常漂亮，而且，室内格局都很不错，交通也很方便。买这么好的地方，我看您不会在乎多花几个钱买我们这款质量更好的产品！不过，我们正在东方田园和水晶城做促销，这次还真能给您一个团购价。"

客户脸上挂上了兴奋，他说："可我现在还没拿到钥匙呢！没有具体的面积，怎么办?"

小刘马上回答："您要是现在就提货还优惠不成呢，我们按规定要达到20户以上才能享受优惠，今天加上您这一单才16户，还差4户呢。不过，您可以先交定金，我给您标上团购，等您面积出来之后再提货。"

就这样，客户顺利交了定金。两周之后订单正式成交。

这个案例中的小刘就善于赞美。先夸小区漂亮（实际上是夸客户的选择），再告诉客户不该省钱，让客户感觉到住这么好的小区再谈价钱有点惭愧；之后告诉客户，我们正在做促销，"即使您不谈，我们也可以给您打折的"，这等于给客户额外的惊喜。如此一来，客户哪里能找到拒绝的理由呢?

每个人都渴望受到赞美，喜欢听好话被赞美是人的天性之一。与客户交往中，发自内心的赞美会令人心花怒放，同时，也是人与人之间沟通的润滑剂。每一个客户都渴望得到赞美，我们不要吝啬我们的赞美。赞美实际是向对方表示一种肯定、理解、欣赏和羡慕。对方从我们的话中领会到的就是这些。所以，赞美不但可以拉近人与人之间的距离，更能够打开一个人的心扉。

7. 幽默拉近你与客户的距离

林语堂曾说："豁达的人生观，率真无伪的态度，加上炉火纯青的技巧，再以轻松愉快的方式表达出来，这便是幽默。"所以，幽默不是滑稽，也不是尖酸刻薄，它包含了智慧、亲切、诚恳，并带人情味，在与客户沟通中，你可以用它来拉近与客户的距离。

有一次，一位顾客走进一家有名的饭店，点了一只油氽龙虾。他发现菜盘中的龙虾少了一只虾螯。他询问侍者，侍者把老板找来。

老板抱歉地说："对不起，龙虾是一种好斗的动物。您的龙虾可能是在和它的同类打架时被咬掉了一只螯。"

顾客巧妙地回答："那么请调换一下，把那只打胜的给我。"

老板和客户双方都用幽默的表达方式，委婉地指出双方存在的分歧。这种方式不取笑、不批评他人，没有伤及他人的自尊，既保护了餐馆的声誉，也维护了客户的利益。可见，在职场上，当你遇到急迫而又棘手的问题时，懂得随机应变，使用恰到好处的一句幽默的话，能令你化解尴尬。因此，美国的一位心理学教授认为，幽默是与人友善相处的一种科学方法。在人际关系紧张而复杂化的情况下，幽默说话能缓和冲突，化解矛盾，使困难的工作得以顺利进行。

幽默的语言人人爱听，掌握适当的幽默技巧是必需的。在人际交往中，幽默感起到了连接的作用。每个人都喜欢谈吐幽默的人，也希望自己谈吐很幽默。因此，掌握一些幽默说话的技巧，对提高幽默水平将有所帮助。

（1）一定要把握尺寸

很多人在使用幽默的说话方式时都变了味道，成为油滑，也就是我们常说的油腔滑调，这是一种非常低级的语言，在面对客户的时候，它不仅不能够拉近你与客户之间的距离，反而会把客户越推越远。所以，我们一定要有"度"地使用幽默。

（2）避免使用激烈的言辞

在与客户进行交谈的过程中，我们总会遇到一些非常尴尬的局面，如客户为了一个技术问题与我们争辩，等我们发现的时候已经到了双方无语的状态，这时我们可以用诙谐幽默的语言来打破这样的气氛，给对方一个下台阶的机会，继而继续与客户之间的交谈。幽默讲究的是一个寓意，我们在和客户交谈的时候语言要轻快，避免和客户进行争辩，随时展示自己的笑容和谈笑风生的魅力。在交谈的过程中，适当地讲一些小笑话，有益于推动交谈的深度，能够迅速达成交易的成功。

希尔先生喜欢吃鱼，而且特别喜欢吃鲜鱼。一天中午，他沿着湖边散步，他想这里一定有好鱼。果然，他看到附近一家餐馆的黑板上写着“供应鲜鱼”。他立刻走进餐厅就座。一会儿，女招待端上一盘鱼，却是两条煎鱼。

希尔先生仔细观察着盘中的鱼，喃喃自语，却不动手，女招待见了觉得很奇怪，她问道：“先生，还缺什么？要不要盐？”

“谢谢，不用了。”希尔先生说完，又喃喃自语。

“那您为什么不吃呢？”

“你瞧，我现在正处于悲哀之中，”希尔先生说，“我叔父8天前在这儿淹死了，我正在问它是否知道此事。”

“多有趣！”女招待挖苦道，心想这人一定是疯子，因为最近这里根本没淹死人。

“鱼怎么说呢？”她笑着问。

“噢，它告诉我说，8天前我叔父淹死的时候，它不在水里，因为它在厨房已经10天了。”

直到此时，那位女招待总算明白了希尔先生的真实意图了，不禁为之赫然一笑。

希尔先生对鱼的新鲜程度有了怀疑，但他并不是直接向女招待说出，因为那样的话可能会招致女招待的否认和回击，根本起不了任何作用。于是，他妙用转弯抹角术，把话题扯远，再一步步回到正题上，以问鱼这样一个荒诞的情景，编造一个其叔父淹死的故事，含蓄委婉地表达出“鱼根本不新鲜”这样一个意思，不仅使人哈哈大笑，也让女招待无法回击。希尔先生以幽默当武器，含蓄地指出了餐馆所存在的问题，真是让人忍俊不禁。在职场中，学会了这种说话方式不但能帮助你获得他人的好感，有时会更有益于一些问题的解决。

总之，幽默是一门艺术，在职场中，幽默是一种智慧的表现，它必须建立在丰富知识的基础上。我们要掌握幽默的说话技巧，就必须认真领会幽默的内在含义，扩大知识面。我们就必须广泛涉猎，充实自我，不断从浩如烟海的书籍中收集幽默的浪花；从名人趣事的精华中撷取幽默的宝石。假如你能够对古今中外、天南地北等方面的知识都有所了解，再加上自身较强的驾驭语言的能力，那么，你在与客户沟通的过程中，谈吐就比较容易变得生动幽默。

第四章 观察客户特征，满足不同客户的心理期望

客户之所以购买商品，除了满足其基本生活所需之外，更是对自己心理需求的满足。销售员要想把自己的商品销售出去，就必须观察客户特征，了解客户的心理，让客户愉快地、满意地购买到自己喜欢的商品，才能够赢得客户的心，使自己受到欢迎和青睐，也给自己带来巨大的利益。

1. 了解客户的心理，满足客户需求

客户之所以购买商品或服务，除了满足其基本生活所需之外，更是对自己心理需求的满足。不管是买还是卖，销售员和客户在整个的买卖过程中都会产生各种心理活动和心理变化，有着各自的动机和想法。因此，懂得心理学才会使销售工作更加顺利地进行。因此，与客户交往中，观察客户，了解客户的心理就是重中之重。

一般地，客户作为消费者，具有如下心理特征。

（1）多样性

员工所面对的客户是形形色色的，而不同的客户所表现出来的心理也是各不相同的。即使是购买同一款式的商品，或者享受同一类型的服务，但由于客户的年龄、性格、习惯、文化程度和竞技水平等方面的差异，其表现出来的消费心理也是不相同的，甚至两个客户的态度会大相径庭，或者截然相反。因此，客户的消费心理是具有多样性的，主要由于客户心理需求层次的高低差异造成的，例如，同样是购买生活用品，有的客户追求实用，既要物美又要价廉；有的客户注重品牌和档次，并不在乎价格的高低；有的客户喜欢流行时尚，注重新颖的款式；有的客户青睐古典，喜欢传统的工艺和格调……总之，客户的需求是各不相同的，所表现出来的购买心理也是具有多样性的。

（2）复杂性

客户购买商品，是其心理需要、审美判断、思想观念、生活习惯等各方面的因素综合之后才做出的选择，因此在购买过程中，客户可能拥有多种主导心理。而在多种主导心理中，又以一种心理为主，具体以哪一种心理为主是在不断变化的，它会根据外界的情况而变换主次关系，所以在销售过程中，我们往往会遇到这样的状况，那就是一位客户本来已经决定购买你的商品，而且已经从口袋掏出钱，但是却又突然决定不买了，因为他突然觉得刚刚自己认为完美的商品瑕疵百出，心情由喜欢变成讨厌。可能是某种外界条件影响了客户的主观心理，才导致这种情况的发生。因此，我们要善于抓住客户的主要心理特征，促使客户的消费意愿向好的方面转化，促进客户购买行动的实施。

（3）可变性

人的心理本来就是复杂多变的，而客户的购买心理也是随着各种外界因素的影响，随时会发生变化的。客户心理的可变性，对员工来说，既是一个难题，也是一个很好的突破口，我们可以利用这种心理特征，给客户施加积极的心理影响，使客户顺利地接受你的产品和服务。

总的来说，客户的心理特征主要有以上三个方面，了解了客户总的心理特点，可以使销售员有一定的心理准备，在面对突发状况时，能够有一个大体的思路，不至于不知所措。当然，要想了解客户的心理，就要多接触客户，多观察客户，多了解客户的需求。从工作的第一天起，你就必须明白，你只有想客户之所想，急客户之所急，才能赚客户口袋里的钱。

一位身穿橘黄色工装的中年人，到李丽主管的销售分部商谈购买一批柴油发电机。看到中年人的打扮，李丽很吃惊。她马上打电话给总部，要求派一名负责该方面技术的工程师来支援。当工程师赶到时，李丽手下的员工正满头冒汗地回答着对方的问题。在工程师的帮助下，他们顺利地完成了销售任务。客户也满意而去。

李丽的反应非常敏捷，她通过观察客户的服装就做出了准确的判断，请求支援。由此可见，在销售过程中，对对方着装习惯进行分析，对最后拿下订单很有帮助。

心理学家曾经指出，服装并不像我们想象的那样，仅仅是遮住身体的工具，它还有反映一个人精神面貌、性格特征、脾气秉性，甚至时下心情、流行爱好等诸多方面的作用。由于在选择衣物时，一个人的心理活动必然要对最后决定做出干预，反过来推测，我们也可以通过着装来探知一个人的心理活动。以本案例来说，在一般情况下，除工作时间以外，大部分人是不愿意继续穿着工装的。可是，李丽的客户却不是如此。他要外出与人谈判，这时应该穿西装或者其他服饰，而不应该是工装。况且，客户的年龄也不是要他非穿工装不可的时候——老工人是不会来谈判大规模机械购买事宜的，来的只能是管理人员。一名管理人员在不合时宜的时候穿着工装，这只能说明他在着装风格上喜爱工装。这种人大多比较较真，而且在技术方面要求严格。所以，李丽推断与他谈判打交道，必须要有专业知识作为支撑。要想让客户满意地签合同，员工甚至要比他更专业才行。出于这个原因，李丽请求了技术支援。

销售不仅要靠一张利嘴，一双锐眼，还要摸清客户心理。销售是一个心理博弈的过程。实际上，每个员工从一开始找到客户直到完成交易，她所需要的不仅是细致的安排和周密的计划，更需要和客户进行心理上的交战，所以从这个角度来看，员工必须要了解客户的心理，才能更好地完成自己的销售工作。可以说，谁能够掌控客户的内心，谁就能成为销售的最终赢家！

研究发现，不同人群的消费心理是不同的。例如，少年儿童购买目标明确，购买迅速，选购商品具有较强的好奇心，容易受群体的影响，购买商品具有依赖性。青年人表现自我和体现个性，追求时尚新颖，容易冲动，注重情感。中年人购买理性大于冲动性，购买的计划性大于盲目性，购买有主见，不受外界影响，购买随俗求稳，注重商品的便利，注重实用，节俭心理较强。老年人富于理智，很少感情冲动，坚持主见，少受外界的影响，精打细算，品牌忠诚度较高，喜欢方便易行。女性消费追求时髦，虚荣心强，喜欢炫耀，追求美观，感情强烈，喜欢从众，爱占小便宜。男性消费，比较自信，消费动机形成迅速、果断，购买动机具有被动性，购买动机感情色彩比较淡薄。

与客户交往中，员工通过了解客户的心理状态，判断客户的心理趋向，到掌握客户的心理，尤其是通过观察客户的反应做出适当的措施是每一个希望成为销售大师的业务员的必修课。我们要重视这一点。用心和客户建立愉快的沟通气氛，站在客户的立场上，分析客户的心理，帮助客户理清思路，鼓励客户把自己的真实想法和渴望说出来；并且不断地请客户对自己的判断加以确认，直到彻底搞清楚客户真正的需求是什么；然后再按照客户的要求，为客户推荐符合客户要求的商品，供客户选择。

2. 注意观察，客户的表情是内心的窗户

在与客户接触的时候，员工要学会用心观察客户，用心去和客户交流，注意客户的每一个细节表情。与客户交往中，通过观察客户，了解并抓住客户的心理，你就成功了一大半。

法国大文豪罗曼·罗兰说：“面部表情是多少世纪培养成功的语言，是比嘴里讲的更复杂到千百倍的语言。”比如皱眉，表示为难；眉头紧缩，表示苦恼；眉毛竖起，表示愤怒；眉飞色舞、喜眉笑眼、眉开眼笑，是喜悦、高兴的表情；眉宇舒展、扬眉吐气，是被压抑的心情豁然开朗的表现。比如噘嘴，表示生气；努努嘴，表示怂恿；撇嘴，表示轻蔑或讨厌；咂嘴，表示赞叹和惋惜。比如鼻子的表情，轻蔑时，嗤之以鼻；愤怒时，鼻孔张大；紧张时，鼻腔收缩；耸起鼻子，表示不满或

厌恶。比如眼神表情：俯视是爱护、宽容的表现；正视，多为“理性、平等”的语义；仰视，一般体现“尊敬、期待”的语义；斜视，表示“怀疑、疑问”的意思；左顾右盼，表示心不在焉。

其实，不但客户的表情会说话，客户的身体语言也会说话。为此，你必须了解各种常见身体语言的含义，这有助于你更好地认识客户。

步伐稳健、端庄、自然、大方，给人以沉着、庄重之感，步伐轻盈、敏捷，给人以轻巧、欢悦、柔和之感，弯腰驼背、低头无神、步履蹒跚，给人以倦怠、老态龙钟的感觉，摇着八字脚、晃着“鸭子”步，给人以傲慢、高高在上的感觉。

手心向上，表示坦诚直率、善意礼貌、积极肯定，手心向下，表示否定、抑制、贬低、反对、轻视。招手，表示打招呼、欢迎你或请过来。伸手，表示想要什么东西。藏手，表示不想交出某种东西。拍手，表示欢迎。摆手，表示同意、不欢迎、不耐烦或快走。

身体挺直、头部端正，表示自信、严肃、正派、有精神的风度。点头，表示答应、同意、理解和赞许。眉毛向上扬、头一摆，表示难以置信，有些惊疑。

嘴角向上，表示善意、礼貌、喜悦。嘴角向下，表示痛苦悲伤、无可奈何。嘴唇噘着，表示生气、不满意。嘴唇紧绷，表示愤怒、对抗或决心已定。

用手揉揉鼻子，表示困惑不解，事情难办。双手置于腿上、掌心向上、手指交叉，表示希望别人理解，给予支持。用手拍拍前额，表示健忘。如果用力一拍，则是自我谴责、后悔不已的意思。耸耸肩膀、双手一摊，表示无所谓，或无可奈何、没办法的意思。

英国《每日快报》的一位记者在对多张欧美政客的照片进行研究之后，有一个有趣的发现：这些政客大多数都钟情于在拍照的时候摆出一个身体姿势：伸出手臂，并用手指指向天空的某个地方。奥巴马访问英国的时候，英国首相布朗和反对党领袖卡梅伦都不约而同地在奥巴马身边伸出了手指。在这些照片中，我们还发现，民主党总统竞选人希拉里、德国女总理默克尔和法国前总统萨科奇都钟情于这个手势。连一贯以保守著称的英国王室也钟情于这个手势，查理斯王子就在很多场合都做出过这个手势！

为什么大多数人都钟情于摆出“一指神功”的手势呢？英国沃里克大学社会心理学家斯金纳指出：“一指神功说到底是一种自信。”手势的含义在我们日常生活中是非常重要的。

例如，握手是全球最通行的一种打招呼方式。不管是何种肤色、何种国籍的人，大多会在交流的开始和结束选择握手这种方式。在历史上见面双方彼此伸出双手，向对方表明诚意，说明自己没有武器的一种仪式演变发展而成现在我们所看见的握手。当双方握手之后，你会从对方的握手方式传递给你的信号中获得对方留给你的“第一印象”，而对方也和你完全一样。

总之，人体就好像一台发报机，每时每刻都在向外界发射许多的信息，发射的这些信息，有语言，但是更多的是看上去非常平常、细微的动作。对于一个身体语言解读的高手来讲，我们没有任何秘密可言。世界上没有不透风的墙。每个人内心深处的想法就好像是风，即使再厚实的墙也无法完全遮挡。

此外，身份地位通常能影响一个人的消费心理和爱好，同样从客户的身份地位上我们也能大概判断出他的消费能力。但是，这是个敏感的话题，我们不能直接开口问客户，只有通过对客户的观察进行揣摩。因此，就要对客户进行细致入微的观察。对客户的观察有助于掌握客户的特点和动机，从而能够做到有的放矢，提高成交的概率。例如，揣摩客户的性格，有助于击破客户的心理防线。有些客户的态度很强硬，对我们工作很不利，就需要让他知道你很尊重他，你要先肯定他，再引导他；有的人细致，我们的一些建议他比我们想的还要细致；有些人没有主见，常常拿不定主意，这时候正是我们帮他做决定的时候。清楚了客户的经济实力可以使你的建议更显专业，介绍商品或服务更切合他的承受能力。这有助于客户感觉轻松和安全，并对自己的购买行为增强信心。

一般来说，我们可以从客户的着装、配饰、使用的交通工具等来判断他的经济能力。例如，我们可以从服饰的品牌看出客户的身份、消费能力和地位。当一个人穿着名牌衣服，带着名贵首饰的时候，我们可以判断他属于中档消费水平客户或者高档消费水平客户。另外，从客户随身携带的包也可以看出客户的经济能力，名牌的皮具和布包持有者的消费能力应该有着较大的差距；如果客户配有昂贵的项链、手表、手链，通常也能说明该客户具有较强的经济能力。

3. 充分尊重爱面子型客户

中国人好面子，就好比英国人讲究绅士；法国人喜欢浪漫；美国人追求自由。人们总是尽其全力来保持颜面，为了面子问题，可以做出常理之外的事。在知道人们是如何注重面子之后，还必须尽量避免在公众的场合内使你的客户难堪，必须时时刻刻提醒自己不要做出任何有损客户颜面的事。树活一张皮，人活一张脸。脸皮就是面子。因此，与客户交往中，我们要充分尊重爱面子型客户，特别注意让他感到有面子，让客户感到我们的品牌力量和人的力量。

有一位男客户决定去买一份茶礼送人，在茶叶店试喝了龙凤呈祥铁观音。茶叶店导购在给男客户泡茶的时候，赞美男客户茶文化素养高，懂得品茶，男客户很高兴，并表示自己中意这款茶。但是当得知茶礼价格的时候，感觉有点贵。茶叶店导购看到这种情形，便微笑着说：“先生，这个品牌可是好茶啊，自然就会贵一点，但对于您来说，这应该不算贵的。一看您这身打扮，就知道您是一位成功人士。像您这样的身份，送高档次的茶礼才配得上啊！”那位男客户听到这里，便不再讨价还价，而是笑呵呵地付了账。

中国人尤其爱面子，追求“面子”是当今社会中一种普遍的心理，在很大程度上影响和支配着人们的消费行为。爱面子的客户，相信很多人都碰过，怎么从爱面子的客户那里赚更多的钱？当然是抓住客户爱面子的心理，在销售上迎合客户喜爱被恭维的心态，让客户的虚荣心得到满足之后，即使客户不太心甘情愿，但是还会购买商品，把钞票给你。在生活中，“面子”是一件很重要的事。不少人为了“面子”，小则翻脸，大则会闹出人命；如果你是个对“面子”冷感的人，那么你必定是个不受欢迎的人；如果你是个只顾自己，却不顾别人面子的人，那么你必定是个有天会吃暗亏的人。因此，与客户交往中，给别人保留一点面子，也是为自己留有一点余地。

某酒店餐厅来了两位客人。男宾衣冠楚楚，气宇轩昂，女宾端庄秀美，风韵高雅。

照例是服务员向两位来宾致欢迎词，并热情引座。

两位落座，服务员便送上了茶水、毛巾和干果。稍事休息后，站立一旁的服务员接受客人的点菜，殷勤地介绍特色菜肴。

女宾将菜单转给了男宾，说：“还是由老同学来点吧。吃在香港，你到香港定居这么多年，又事业发达，肯定是一个美食家。”

男宾在谦虚客套的同时，非常老道地点起了菜。

菜是一道一道非常有节奏地端上餐桌，“酒逢知己千杯少”，男宾今天胃口特别好，不断劝女宾多吃菜，自己也不断喝酒，还嫌酒不够，让服务员加酒。他们畅叙友情，回忆过去，十分开心。

当用餐即将完毕之时，男宾示意服务员结账，随手从裤子口袋里摸出了一张信用卡，交给了服务员。

不一会儿，服务员走回来，告诉男宾信用卡已透支，现在付这餐账单还差一部分。

男宾满腹狐疑，起身赶到账台，问：“你们今天会不会搞错，或者电脑出了故障?”

账台小姐回答：“先生，刚才几位客人的信用卡也是用的这台电脑。这样吧，我再给您试一试。”

账台小姐将这位男宾的信用卡重新又拉了一遍，结果与前次相同。

男宾有些不知所措，面部表情由难堪变为了生气，嗓门也比刚才提高了许多：“你们不相信我。我可是住店客，不是过路客，每天住店的消费，不知比今天这顿饭要多多少，我绝不可能搞错。”

这时的餐厅领班、服务员都赔着笑脸，不断安慰这位男宾，请他再仔细想一想。

“先生是否可改付现金?”

“带了信用卡就没带现金。要现金，有的是，在客房。”“就是有现金，我现在也不付。”他又补充道。

这时，同来的女宾款步走来。她矜持地对领班说：“这位先生是不会弄错的，你们可以再查一查。我来付现金。”说着将皮包打开。

见此情景，男宾当然更加气愤，他连忙拦阻女宾，将信用卡重重地摔在账台上，拉着女宾扬长而去，还高声地说："随你的便，反正不会赖你们的账，莫名其妙……"

餐厅服务员将这位男宾的信用卡带到酒店大堂总台查询。验卡结果确如在餐厅的一样。总台小姐告诉了服务员这位客人的房号。

下午，餐厅经理亲自来到男宾的客房，将信用卡交还给客人，告诉客人经多方验证，信用卡里已无钱可付。

男宾这时的态度与中午相比，几乎已经完全平静，他说："非常抱歉，是我弄错了，昨天我支付了一笔较大数额的款子。我这个人有个毛病，就是喝酒有些过量时就不易控制自己的情绪，还容易忘事。"

"应该我们向先生道歉。在餐厅里人多，伤害了先生的面子，当时，我们都知道先生是住店客，是不会不付账的。"餐厅经理话语真诚。

说着话，这位先生从写字台的抽屉里又拿出了一张新的信用卡。

"这张卡绝对没问题，经理先带回去，晚餐时我会来用餐的。"

"这倒不必了，欢迎先生晚餐再次光临。到时候一并结账不是也一样嘛。"

两人脸上都微笑着。

一个人的生命价值，不是由金钱和地位这些外在条件来决定的。不要让你的客户觉得你是个相当势利的人，更不要让客户因为你的行为感到人世间的悲凉。所以，与客户交往中，我们要学会去尊重每一个客户。不管我们面对的是一个什么样的客户，他有什么样身份和社会地位，我们都要去尊重他。在每个人的心里，都渴望得到他人的尊重，那么，为什么不先试着去尊重他人呢？你会发现，只有你先尊重客户，才会得到客户的尊重。

4. 给内向型客户信赖感

心理学研究发现，相比性格开朗、易于沟通的外向型的人，性格封闭、不易接近的内向型的人感情及思维活动更加倾向于心灵内部，感情比较深沉。他们不善言辞，待人接物小心谨慎，一般情况下他们避免甚至害怕与陌生人接触。虽然内向性格的人比较爱思考，但他们的判断力常常因为过分担心而变弱，对于新环境或新事物的适应，他们往往需要很长的周期。但内向型性格者智力较高，语言能力强，做事谨慎，善于深思熟虑，这是其长处。

在于客户交往中，因为内向型客户对陌生人的态度比较冷漠，且情绪内敛，沉默少言，在消费过程中也会小心翼翼，甚至久久拿不定主意，使得客户工作很难有进展。在沟通过程中，往往是销售员问一句，神情冷漠的内向型客户答一句，不问就不答，导致交谈的氛围沉闷，员工的心情也比较压抑，想要迅速促成交易往往是很困难的一件事情。但是，员工切不要被内向型客户的外表神情蒙骗，从而打起退堂鼓。善于观察的销售员会发现，虽然内向型的客户少言寡语，甚至表面看似反应迟钝，对销售员及其销售的商品都表现得满不在乎，不会发表任何意见，但他其实在认真地听，并已经对商品的好坏进行思考。

内向型客户其实是非常细心的，只是源于其性格中的对陌生人极强的防御和警惕本能，使他们即使对销售员的观点表示赞同，也不会说太多的话。这时候员工应对客户一如既往地温柔对待。虽然内向型客户嘴上不说，但是胸中有数，他们一旦开口，所提的问题大多很实在、尖锐，并且会切中要害，只要员工能想好对策，从容温和地回答，打消客户的质疑，这样就会很容易得到内向型客户的信赖。

宋茜是某手机店的销售员。有一天，一位先生来店里看手机，很多当班的柜台销售员都主动跟他打招呼，热情地询问对方需要什么样的手机。每一次被询问，这位先生都只是说自己随便看看，到每个柜台前都是匆匆地浏览一下就迅速离开了。面对销售员的热情询问，这位先生显得有些窘迫，脸涨得通红，转了两圈，觉得没有适合自己的手机，就准备离开。这时宋茜根据经验，判断出该客户是一个比较内向腼腆的人，并且根据观察，宋茜断定客户心中肯定已经确定了某一品牌的手机，只是由于款式或者价格等原因，或者是由于被刚才那些销售员的轮番“轰炸”，有些不知所措而一时失去了主意。于是，宋茜很友好地把客户请到自己的柜台前，温和地说：“先生，您是不是看上某款手机，但觉得价格方面不是很合适。如果您喜欢，价格可以给您适当的优惠，先到这边来坐吧，这边比较安静，咱们再聊聊！”客户果然很顺从，宋茜请他坐下，与他聊起天来。

宋茜开始并没有直接销售手机，而是用闲聊的方式说起自己曾经买手机，因为不善言辞而出丑的事。她说自己是个比较内向的人，做销售这几年变化挺大。与客户聊了一些这样的话题以后，客户显然对她产生了一定的信任感，于是在不知不觉中主动向宋茜透露了自己的真实想法。宋茜适时地给他推荐了一款适当的机型，并且在价格上也做出了一定的让步，给客户一定的实惠。同时，宋茜还给客户留了自己的电话，保证手机没有质量问题。最后，客户终于放心地购买了自己想要的手机。

在日常生活和工作中，内向型的客户像孩子似的，很怕见陌生人，特别是怕见销售员，怕别人让他回答一些问题，他回答不上来有些尴尬。这类客户有时还有点神经质，见到陌生人心里就犯嘀咕。这类客户也有小孩子的好动心理，不过这是由于怕人问他问题表现出坐立不安的样子。当销售员介绍说明时，则喜欢东张西望，或者做一些别的事来克制自己安下心来。他们会玩手里的东西，或者写一些东西来掩饰或躲避销售员的目光，因为他们很怕别人打量他，销售员一看他，他就显得不知所措。不过，这类客户一旦与你混熟以后，胆子就会增大，就会把你当朋友看待，有时还想依赖你，信任也就产生了。所以这类客户极易说服他成交，他很希望快点结束尴尬的局面，很想轻松一下。对待这种客户的方法就是第一次先与他聊天，也就是说先与他混熟一点，到第二次他就自然多了，他就会把你当作老朋友看待，至于洽谈生意就顺利多了，交易极易成功。

总之，与客户交往中，对待内向型客户，你必须慎重对待，首先要给他一个好的第一印象，这样他虽然还有些神经质，但对于你却是很信任放心的，这时再与他谈。要细心地观察他，时不时称赞他一些实在的优点，照顾他的面子，不要说他的缺点，他对你会更信任，这样双方就能建立起友谊，会交个朋友。这样，你再卖什么东西就会比较顺利了。

5. 给外向型客户留下干练的印象

要想把销售做得成功，就要给你的客户留下很好的印象，这样客户才会相信你，才会跟你有进一步的交流，才会让你的销售做得更加游刃有余！因此，我们需要给外向型客户留下干练的好印象。

外向型的客户愿意表达自己，喜怒哀乐溢于言表，感情比较外露。应对外向型客户态度要热情。多花一点时间倾听对方。外向型的客户比较容易谈得来，但是谈得往往都是生意以外的事情，他不喜欢销售员一进门就滔滔不绝地介绍自己的产品如何优秀，如何畅销，如何适合自己，像念经一样地说个没完，这样很容易引起客户的厌烦。虽然外向型的客户容易对外界事物产生兴趣，但是却也容易对同一个话题感到厌倦。所以销售员不要抱住一个话题，就啰啰唆唆地说个没完，而是应该摸清客户的兴趣和意愿，顺着他来说，引起他的关注，并巧妙地把自己销售的产品引到谈话中，让客户在不知不觉之中被吸引。

小赵是一家家具公司的销售员。一次，小赵联系了某公司的张经理，向他销售一款办公桌椅，约定10点到该客户的办公室面谈。小赵按照地址找到客户所在的办公大楼，在寻找张经理办公室的时候，有位秘书小姐已经按照经理的吩咐在迎接小赵。一时间，小赵感到受宠若惊，不过也很欣喜，想必是位比较和善的客户。

到了张经理的办公室，小赵受到了热情的欢迎，并且张经理主动和小赵聊天。小赵边和张经理说话，边观察他的言行举止。这时还不断地有电话打进来，张经理也不回避，当着小赵的面接电话。小赵判断张经理是一个不拘小节、性格开朗的客户。

于是，小赵也不再拘谨，而是顺着张经理的话题谈开，并巧妙地把他引到办公桌椅的话题上来，中间小赵还穿插了几个自己在销售过程中比较好笑的故事，使张经理把注意力转移到自己身上，并对自己的产品产生兴趣。在张经理问及一些关于产品的问题时，小赵总是简洁、清楚地给以答复，说话不拖泥带水，给张经理留下了行事干练、讲求实效、对业务比较熟练的好印象，因而更加拉近了彼此之间的距离。张经理便把自己的想法向小赵说明，而小赵很快就针对他的想法提出了比较合理的方案，张经理感到很满意。最后，张经理很痛快地订购了50套办公桌椅，给小赵带来了不小的收益。

外向型客户性格开朗，只要与他多交谈一会儿，他就会和你更加亲近，这种客户极易达成交易。这种类型的人做事说话干脆，让人对他易产生一种信任之感。他们做事前就已经想好了怎么做，准备好问什么，回答什么，所以他与销售员交谈就有了目的性，这样交易也就顺利了。

在工作中，外向型客户本来是一个很好打交道的人，但是很多的员工一碰到这种类型的人却往往会失败。为什么呢？这是一个值得深思的问题。一般来说，外向型的客户是比较有主见的，他们能够迅速地做出判断，但其判断往往只限于善恶、敌我、有用、无用等极端化的判断。对事物的具体情况则较少顾及，不注意细微之处。在购买商品时也是这样，如果他喜欢就会很痛快地购买，不喜欢的话就会果断拒绝，在拒绝时也会直截了当，不给员工留任何面子。在面对这样的客户时，员工应该以比较外向的方式来与之交往，说话也要干脆利落，回答客户的问题时也要清楚准确，这样会使彼此之间产生志趣相投的感觉，从而拉近彼此之间的距离。

外向型的客户最大的要求是“高效”，说服他们最好的方式就是用事实证明一切，其他烦琐的解释都无济于事，那样只会被认为是“啰唆”。外向型的客户有很强的升职愿望，如果你销售的产品或服务能使其业绩得到提升，他们将会很乐意与你合作。因此，与外向型的客户沟通时，话题的切入点最好放在其本人的工作经历和所获得的荣誉上面。这些人最爱挂在嘴边的事情就是他们为公司创造的价值，以及他们个人获得的成就。员工与之沟通时要注意把握时间，说话言简意赅，切中要点，因为外向型客户的时间观念很强，可谓惜时如金，所以不要浪费他们的时间，要就事论事，用最短的时间把最有用的信息传达给他们。

此外，外向型客户对销售员有一种微弱的抗拒心理，一见销售员就马上说："我不想买，只是看一看。"其实这话是一种抗拒，销售员大可不必理会他，只要商品使客户满意，使他喜欢，连客户都会忘记自己说过这样的话。他说这样的话本身就是一种暗示，暗示自己看一看，如果看着好就买。对待这种客户比较容易，只要以热心诚恳的态度对待他，并且多与他亲切交谈，多与他亲近，就会消除双方的隔阂，这合作交易也就更易做成了。

6. 谨慎对待稳重型客户

稳重是一种优秀的品质，是心智成熟的标志。它代表着遇事沉着冷静，不急躁。稳重型的客户深思熟虑、沉着冷静，考虑问题全面深入，不容易被员工的言辞说服。他们对于自己不明白或不赞同的地方，会积极地提出问题，并说出自己的看法，直到所有问题都解决了才肯罢手。

稳重型客户喜欢清净的环境，很少主动与人交谈，讲话很少，感情很少外露，很少大声谈笑，不易受感动，给人难以接近的感觉，猜不透他们在想什么。自制力强，很少发脾气，做事不慌不忙，不做没把握的事，生活有规律，讲话慢条斯理。面对这类客户，员工要加强对产品品质及独特优点的说明，通过举例、分析、比较的方式，让其全方位地了解产品的特点和优势所在。一切说明都要有理有据，不可操之过急，多方分析、层层推进才是最好的办法。

员工："王老师，这套橱柜简直就是为您量身定做的，非常符合您家的装修风格，您也看了好几遍，价格和款式，我看您也都挺满意的。您看，我们现在是不是可以下订单了？"

客户："先别着急，虽然我也觉得这套橱柜不错，不过凡事不可看表面，我觉得我还得再多问问业内人士。前两天我看新闻，说家装市场猫腻很多，仅质监局就查出了十几个品牌的橱柜有问题，尤其是材料方面，很多都是挂羊头卖狗肉，不合格的非常多。"

员工："王老师，您可真沉稳，不愧是当老师的。的确，现在家装市场鱼龙混杂，您说的这条新闻我也看到了，相信您也发现了，检测出不合格的主要都是一些小品牌。像我们这样的国际知名品牌，是不会出现这种问题的，否则不就砸了自己的牌子吗？再说了，万一出现这种问题，我们店都在这里，您还怕我们跑了不成？"

客户一想也对，就下了订单。

当客户提出异议时，员工并没有反驳，而是首先肯定客户的怀疑，让客户觉得导购是为他着想，消除了客户对产品质量的怀疑，同时又以店面担保让客户更加放心，万一出了问题专卖店也会想办法解决，促进了成交。稳重型客户表现比较老练沉稳，一般不轻易开口说话，通常会以平和的心理和你沟通，并不急不躁地和员工洽谈业务。这类客户显得很世故，他不愿受员工及周围其他人的影响，他会凭着自己的眼力和了解来判断公司的综合实力。此类客户知识分子居多，属于理智型购买。对此，员工要以静制动，用客户不易觉察的眼神去观察客户，注意倾听比说更重要。说话一定要有力度、有自信，要让他"刮目相看"，觉得你确实在行，你就是某个行业的产品专家。

一位客户来到一家高级箱包专卖店，经过销售员的热情引导，看中了一款皮包。

客户：“这都是正品货吗？能保证质量吗？”

销售员：“我们是全球连锁企业，每一家店都非常讲究信誉，只要在我们的正规分店购买，就一定是真货。”

客户：“这款包打理起来会不会很费时间和精力？”

销售员：“不会的，虽然它是纯皮质地，但是由于经过特殊处理，所以您只要用潮湿的棉布擦拭就可以了，打理起来非常方便。”

客户：“可这种颜色的皮包配这个颜色的拉链，看起来很突兀，你不觉得吗？”

销售员：“乍一看的确是有一点，不过这两种颜色其实是色彩中的黄金搭档，搭配起来很活泼，视觉上会给人眼前一亮的感觉，非常引人注意，您觉得呢？”

客户：“这款皮包是不是有点大，背起来会不会让人看了觉得特别累赘啊？”

销售员：“这款包是有一些大，但是这种休闲的款式却恰恰弥补了这一点，您背起来不仅不会感觉累赘，反而会显示出一种休闲、舒适、简约的风格，让人感觉很轻松，这与您本身的气质十分吻合。”

客户：“包上的装饰花能不能换一个，怎么这么不搭配？如果是黄色一定会非常合适。”

销售员：“您是我见过的最有品位的客户，我们的设计师也提出过和您一样的配色方案。”最终，客户买走了这款皮包。

稳重型客户一般比较理智、沉静，无论员工怎么说，他都还是说考虑一下，总是带着怀疑的眼光去看待产品，这种客户比较而言是比较难以说服的一类，也正因为他的沉稳，会导致我们很压抑。这种客户一般都非常注意聆听员工的解说，聆听的同时他也会解析、评判员工和产品。对这种客户，我们在跟其沟通过程中要做到有礼貌，诚实且谦虚，不要以为自己比客户懂得多。保守一点，语速语调适中，注意聆听客户，这类客户最容易在我们讲解产品的时候插话，所以要注意自己在讲话过程中应该做到随时停下来。面对这类客户。我们也不要有自卑感，相信自己对产品的了解程度肯定是比客户这个门外汉多得多，在现场销售中我们要多强调产品的实用性功能跟这个产品可以给客户带来什么好处，突出利益驱动，这样才容易成交。

7. 别把客户的精神需求不当回事

随着经济的发展，消费结构也会发生变化，人们不再将全部收入花在购买必需品上，而是逐步转向购买耐用消费品，最终转向休闲产品和服务的消费。因此，在生活中按消费需求的实质内容不同，可分为物质消费需求和精神消费需求。这也是对生活消费需求进行分类的一种方法。物质消费需求是指人们对物质生活用品的需要。精神的需求是指满足人的心理和精神活动的需要，如人的自尊、发挥自己的潜能、精神上的娱乐等需要。与物质的需求相比，精神上的需求是高一层次的需求。物质消费需求具有一些伸缩性，但伸缩程度相对不大。而精神消费则有很大的伸缩性，一旦基本物质生活需要得到满足后，精神消费决定了人的生活质量，对于提高人的思想觉悟、道德修养、心理素质、审美观等起着关键作用。

一对将要结婚的情侣，在一个专卖饰品的商场里挑选戒指，他们转了一圈都没有发现自己喜欢的，正当他们准备离开的时候，忽然被一个柜台上由很多戒指摆出的“心”形图案吸引住了，女孩儿被这个漂亮的心形所吸引，就拉着未婚夫跑了过去。

“这里面的戒指真好看！”女孩儿不禁发出惊叹。

“喜欢的话我们就买！”她的未婚夫宠着她说。

“先看看吧！喜欢上哪一个的话我就帮你拿。”这时售货员说话了，她的声音给人一种很甜的感觉，再看她的举止也是大方优雅。

“帮我把这个心形的拿出来吧！谢谢！”女孩儿的脸上充满了幸福的微笑。

“你可真有眼光，这一款戒指在这里卖得最好。”售货员笑着说。

“这个戒指代表什么含义?”这时女孩儿的未婚夫开口问道。

“这个戒指有一个美丽的传说，大家都知道戒指是从西方流行过来的，在古老的西方，有一对非常相爱的情侣，但是那个男子的家里非常穷，女孩儿又是一个富家女。女方的家长说什么也不愿意把自己的女儿嫁给一个穷光蛋，就对他提出一个过分的要求，希望他知难而退。这个过分的要求就是，他能买得起一个钻石戒指，就把女儿嫁给他。那天夜里这个年轻人绝望了，他打算编一个草戒指送给女孩儿，他想见女孩儿最后一面。他坐在窗前编戒指的时候，忍不住流下深情的眼泪。就在这个时候奇迹发生了，在月光的照射下，这滴眼泪变成了一颗心形的钻石，而他用草编的那个戒指变成了一个纯银的戒环，两者结合到一块形成了完美的戒指。最后这对情侣终于走到了一起，人们都说这是上天的旨意。”售货员深情地讲完了这个故事。

“太感人了！”女孩儿听完沉默了几秒后，不禁发出了感叹。

“这只戒指是根据这个传说专门打造的，代表着纯洁的爱情，一生不离不弃。我希望你们也能永远幸福快乐！”

“谢谢！把这只戒指包起来吧！”

在社会中，人的需求有五个层次：生理需求、安全需求、社交需求、尊重需求和自我实现需求。这就是马斯洛需求层次理论。从人需要的五个层次看，前两种是身体方面的需要，而后三种是精神方面的需要。这也说明了，随着人们生活条件的改善，人们的需要必将从物质向精神方面转变。因此，在工作中别把客户的精神需求不当回事。精神上的需求是一种高层次的需求，但是高层次的需求，不是空中楼阁，而是我们做了事情以后，给别人留下的印象和感受。所以，很多公司提出：我们卖的是印象和感受，这是销售工作定义的理论依据。

在基本物质条件得到保证的前提下，一种产品或服务如果能满足消费者的精神需求，将会使其对企业品牌形成非常大的黏性，忠诚度也随之大幅提高。企业只有根据自己的特点和资源，针对目标客户群的精神需求打造适合他们的产品，才能不断发展壮大。

一家颇有名气星级宾馆内的小餐厅，一对新人将在这里举行结婚宴请。他们站在餐厅门口，迎接络绎不绝来贺喜的亲朋好友。有的来宾带来礼品，就由新郎家人放在门边台子上。酒席正式开始。放在门口的礼品无人照应。过了一段时间，新郎家人想起什么跑到门口，发现礼品没了，马上问服务员。

家属：“小姐，你们看到有人拿这里的礼品吗？”

服务员：“我好像看到一个中年男子装入手提包的，后又走进餐厅，我还以为是你们家属，没在意。”

家属：“那么人应该还在，你认一下好吗?”

服务员说：“可以。”

服务员看了一圈没发现那人，出来摇摇头。

家属：“那怎么会？他不是进去了吗?”

服务员：“我再问问其他服务员。”

服务员走过去向其他服务员了解，都摇摇头说不知道。

“对不起，刚才我们都在忙，没在意台上的东西，我马上和保卫部门联系。”服务员对家属说。

保卫人员来到餐厅，向家属和服务员了解情况。

得悉此事的餐厅部经理也赶到现场。他分头找服务员了解情况后说：“餐厅发生这事我会处理，你们照常服务，尽可能不要让参加婚礼的人知道，影响气氛。”

餐厅里好像什么也没发生，新郎新娘在为客人一一敬酒。

餐厅部经理、保卫人员和一家属悄悄退出餐厅，来到总经理室。

总经理听了汇报后说：“估计是小偷混入客人中来到餐厅，也不排除饭店员工作案。保卫部门对餐厅保卫工作不力，负有一定责任。迅速查明情况，但不得惊动客人。要维护饭店声誉，不得扩大事态。”

总经理：“总台，把总统套房钥匙送来。”

宴请将结束，总经理等来到餐厅，为新郎新娘祝福，祝他们白头到老，并悄悄把这事告诉新郎。

总经理：“这件事发生，饭店负有一定责任，结婚礼物情重无价。今晚饭店免费为你们安排总统套房。从现在起你们就是我们饭店‘总统’和‘总统夫人’了。”他把钥匙给了新郎。

新郎：“感谢饭店经理，虽然结婚礼物被偷心中很难受，但你们饭店已表达你们的诚意。”

客户的精神需求包括受尊敬、受认可、感到更加受重视，如关注、关心、信任、宽容、鼓励、祝福、理解、支持等精神的需求。我们在满足客户的物质需求的时候可以增加一些精神需求，增强黏性，给客户带来不一样的体验。精神需求是根据人的各种不同环境和情况来改变的。我们可以做的就是满足对方更高层次的精神需求，并且是积极地、主动地去做。这样才能满足不同客户的心理期望，获得客户的不断支持。

第五章 强化服务意识，给客户提供完美周到的服务

面对激烈的市场竞争，越来越多的企业开始关注客户服务，把客户至上作为最重要的服务理念，去主动靠近客户，并以客户的需求和利益为中心，急客户之所急，想客户之所想，提高客户的满意度。因此，强化服务意识，给客户提供完美周到的服务是企业竞争力的重要表现。

1. 树立客户至上的服务理念

当今的市场，客户才是企业真正的老板。如果企业丧失了客户，就失去了生存的基础，所以客户至上是企业发展的重要战略。树立客户至上的理念就要从最基本的做起，诚心为客户服务，始终以客户为中心，设身处地地为客户着想，秉持以诚相待的态度，要用心去对待客户，保证让客户满意，从而培养客户长期稳定的忠诚度。

沃尔玛"客户至上"的原则可谓家喻户晓，它的两条规定更是人尽皆知：

"客户永远是对的"；"如果客户恰好错了，请参照第一条！"更为与众不同的沃尔玛的客户关系哲学是——客户是员工的"老板"和"上司"。每一个初到沃尔玛的员工都被谆谆告诫：你不是在为主管或者经理工作，其实你和他们没有什么区别，你们只共同拥有一个"老板"——那就是客户。为使客户在购物过程中自始至终地感到愉快，沃尔玛要求员工的服务要超越客户的期望值：永远要把客户带到他们找寻的商品前，而不仅是指给客户，或是告诉他们商品在哪儿；熟悉你部门商品的优点、差别和价格高低，每天开始工作前花五分钟熟悉一下新产品；对常来的客户，打招呼要特别热情，让他有被重视的感觉。

沃尔玛一贯重视营造良好的购物环境，经常在商店开展种类丰富且形式多样的促销活动，如社区慈善捐助、季节商品酬宾、竞技比赛、幸运抽奖、店内特色娱乐、特色商品展览和推介等，以吸引广大客户。这种“客户至上”的理念取得了极大的成功，使得沃尔玛发展成为世界上最大的百货公司。

服务是企业基本经营理念的核心部分。服务可以让客户愉快，服务可以让客户花钱不后悔，服务可以让客户获得幸福感。服务可以留住老客户，服务可以产生好的口碑传播效应，服务可以吸引新客户。服务可以使企业获得真正的竞争力。服务可以使企业做大、做强，基业长青。因此，提高服务意识就显得非常重要。只有提高了员工的服务意识，服务水平才能真正得到提高，才能更好地服务于客户。

在工作中只有拥有客户至上的服务意识，并以客户喜欢的行为方式表现出来，才能赢得更多的客户。因此，员工在工作中要做到以下几点。

(1) 用心服务客户

态度决定一切，我们能否做好我们的工作，取决于我们对工作的态度。只有用心去服务，才能得到事半功倍的效果。服务就是要用心，要投入更多的感情，没有用心的服务，无论如何讲究形式，也不能传递诚意，甚至反而会让对方产生精神上的距离，因此每一位员工在遵守各项行为准则的基础上，更要倾注自己的感情，真正将“用心”二字做到极致，这样才能做到用真心去拥抱每一个客户。

(2) 不拒绝客户的要求

不拒绝客户的要求意味着对于客户提出的任何正当、合理的要求，服务人员都应想方设法、尽最大努力去满足。在确实没有办法能满足客户的要求之前，绝对不能简单地对客户说“不”字。由于条件限制，不能用客户要求的特定方式或对象满足客户的需要，应当考虑能否用替代的方式和对象满足客户的需要。遇到无法以客户要求的特定对象或方式来满足客户时，适当的反应不是简单地拒绝客户，而是应委婉礼貌地向客户提出建议，试着以另一种客户可能接受的替代对象或方式去满足客户的需要。事实上，人的同一种需求常常可以以不同的对象和不同的方式来满足的。当然，客户的一切要求都应得到满足并不意味着服务人员必须满足客户的所有要求，但至少服务人员应让客户感觉到自己是愿意效劳的，是尽了最大努力的。如果尽了最大的努力，还是不能满足客户的需求，从主观上讲，服务人员已经尽了职责，不存在任何过错。但即使这样，服务人员也应积极取得客户的谅解。

（3）不给客户带来任何不愉快

服务人员在与客户交往时，自始至终都应保持愉快、亲切的服务态度，任何时候都不应以生硬和冷漠的服务态度接待客户，任何原因都不应成为服务人员发脾气、使性子、耍态度和失礼貌的理由。

服务人员不能因为个人的某些客观原因而降低服务的热情。每一个服务人员在自己的生活中总会遇上一些不如意的事情，也会出现身体不适或体力下降的时候，这些都会使服务人员的个人情绪受到一定的影响，从而在一定程度上影响服务人员的服务表现。但一个优秀的服务人员会以高度的服务精神克服这些个人的困难，不会让个人的情感性因素影响服务的热情，更不会在服务中表现出冷漠和怠惰。服务人员也不能因客户行为的不合适而使自己的情绪失控。无论客户怎样表现，服务人员都应始终保持温和友好、彬彬有礼的态度，不能因客户的无礼而在行为态度上表现出对客户的气愤、不满，也不能以生硬、尖刻的言语顶撞或回敬客户。

（4）不干扰客户

客户在接受服务时有权要求自己的清静和自由不受干扰。如果客户对服务的享用是以不断被打扰为代价的，那么，这种服务就失去了意义。不干扰客户，就要求服务人员尽量减少对客户不必要的干扰。对客户的干扰主要包括声音干扰和空间干扰。为了避免对客户造成声音干扰，工作人员在工作期间应做到“三轻”：即交谈轻、走路轻和操作轻。为了避免对客户造成空间干扰，工作人员不应随意出入属于客户的空间。当客户没有服务要求时，服务人员不应随意打扰客户。应客户要求为客户提供其所需的服务而不得不打扰客户时，也应先说声“对不起”。各种形式的上门服务都应在客户方便的时间内进行，不能影响客户的正常生活。

总之，客户是企业的生存之本、发展之源。也就是说，客户是我们的衣食父母，没有客户的支持，一切都将无从谈起。因此，只有为客户提供了令人满意的服务，服务组织和服务人员才有生存和发展的机会；也只有把最好的服务提供给客户才能回报客户的眷顾。正是从这个角度讲，客户的需求、客户的满意是至高无上的。

2. 客户的小事就是服务的大事

在客户服务中，任何一个细微环节的差错或疏忽都会导致前功尽弃。因此，只有每一位员工都意识到客户的小事就是服务的大事，从而自觉地把客户的事当作最重要的事来对待，才有可能为客户提供令其满意的优质服务。

小赵是一家高级餐厅的服务员。餐厅有一个非常特别的惯例，每个顾客在前来就餐前都必须打一个订餐电话。餐厅在接到电话以后，就会通过各种方式获得这位顾客的基本信息，在顾客到来时，根据顾客的饮食习惯，提供最完善的服务。

这天小赵负责接待一位李先生，当李先生到来的时候，小赵就热情地上前接待。

“你好，李先生，你定的座位在这边。”小赵笑着把顾客领到一个靠窗的位置。

“嗯，这个位置不错，我就喜欢靠窗的位置。”李先生对这样的安排显然很满意。

“李先生，你忘了，你上次来的时候就是坐的这个位置，我还记得李先生呢！”小赵笑着说。

“哦，我想起来了，没想到你还会记得我！”李先生心中有一种说不出的感动，自己见过一次面的人再见就忘了，而对方还记得自己，这是一件多么不容易的事啊！

“李先生今天想吃点什么菜？”小赵笑着问。

“先上一份红烧鲤鱼和一份青菜，再加一份玉米粥吧！”李先生看着菜单说，他最喜欢喝玉米粥，因为小时候在家的时候，母亲每天都会做给他吃。

“我建议李先生还是吃清蒸鲤鱼吧！红烧鲤鱼有点辣，对胃不好，清蒸鲤鱼清淡一些，是养胃的好食物，相比起来，清蒸鲤鱼还要实惠一点。李先生，你觉得呢？”小赵认真地向客户介绍，她首先考虑的不是饭店的盈利，而是客户的身体。

“你怎么知道我的胃不好？”李先生听过小赵说的话，句句为他着想，心里一阵感动，只是奇怪对方怎么知道自己胃不好的。

“李先生曾经在这用过餐，我们都有详细的记录，那时是李先生自己说的，还让菜做得清淡一点。为了方便李先生下次用餐，我们就记下来了，这样省了您的反复提醒。”小赵认真地说。

“谢谢你，难得你们这么细心，就上清蒸鲤鱼吧！”李先生没想到对方竟然这样细心，让自己很感动。

“好的，您稍等一下，菜马上就上来！”小赵拿着菜单笑着走开了。

从此以后，再来到这个地方的时候，李先生都是在这家餐厅就餐，因为他在这里感受到家的温暖。

服务无小事，服务精髓在于细节，我们的日常工作其实是由许多细节和一件件小事组成的。面对千变万化的细节小事，再好的预设也不能预见工作中可能出现的很多情况。因此，在工作中必须关注每一个细节，重视细节工作才能成功，忽略细节就可能造成失败。

在日常的工作中，不注重细节的员工，对其他注重细节的人和事往往也不会正确对待。一个人无论做任何事情，只有能把手上的小事情做到完美的境界，才能成为一个优秀的服务人员。

有一个服务员在上菜的时候，看见顾客不小心将筷子掉在了地上，这个服务员看到后，马上捡起地上的筷子，从柜子里拿出一双新筷子为顾客换上。虽然这只是一件非常微小的事情，顾客却显得非常感激，因为顾客在别的饭店遇到这样的事情后，都是自己叫服务员换筷子，或者自己捡起来用餐巾纸擦干净继续用，也就是因为这样一件很微小的事，而打动了这位顾客。之后，这位客户成为这家饭店的忠实客户，10 年没有间断。

在这个例子中，服务员按照程序不主动为顾客换筷子本身也没有错，但是，如果在别的饭店服务人员这样做了，那么，别人的服务明显就比你的服务更加完善，这位顾客肯定会流向别处。因此，在工作的过程中，对于每一个细节我们都应该及时地想到，做的不到位的地方应该及时地改正。就好像当客户办理好业务，按完手印后，工作人员马上递上一张纸巾，提醒其把手上的印泥擦拭干净，免得弄脏衣服。就是因为这样一张小小的纸巾，也会让客户多一份感动。如果我们为客户服务的过程中，能够把每一个微小的环节都想到并做到，那么，相信我们的服务将会更上一个层次。

某知名外企派专员到中国的一家公司考察，想根据考察结果决定是否将公司的零配件生产交给这家公司负责。这是一个很大的订单，公司负责人为此做了大量工作。但考察专员却以一个普通客户的身份提前一天到了公司。

负责接待的 Linda 刚好心情不佳。她板着脸，很不耐烦地问了对方的来意，便一声不吭地把来人往负责人办公室领。发现负责人不在，就挥手让客户回去。客户表示要在接待室等等看，Linda 不置可否。客户等了一两个小时，Linda 也不给他倒水喝。客户坐了半天，摇摇头说要走，Linda 也不起身相送。

几天后，当负责人得知这张巨额的订单已成了某竞争对手的囊中物时，他怎么也想不到，这一切，都是拜 Linda 所赐！

读完这个故事，你一定觉得这张订单丢失得太冤枉了。的确，Linda的细节服务工作完全不合格：首先，客户来了，她没有笑脸相迎，也没有热情问候。其次，客户等待时，不倒茶端水，也不解释安慰。最后，客户要走了，她也不起身相送。整个过程表现出极差的服务态度和服务素质。而由于她不合格的工作，公司的形象被破坏了，考察专员因此认定这家糟糕的公司不配成为他们公司的零配件生产基地。

服务是一种文化，是一种传承，持之以恒做好服务，是我们服务的一件大事。“勿以恶小而为之，勿以善小而不为。”要做好服务工作，必须做好细节，做好客户的每件小事。在工作中，细节服务，重在人人参与。在一个组织结构中，和客户接触最多的是基层的员工，但是，我们不能因为这样只要求基层员工的细节服务，而忽视了中、高层领导。细节的有效执行必须经过管理者的决策，如果管理都忽视细节服务，对细节服务没有重视起来，那么，企业怎么能够培养出提供深入人心的细节服务的员工呢？细节服务也就无从说起。所以，细节服务必须人人参与，让管理者理解细节服务的重要性，让员工知道细节服务的必须性。

在客户工作中，细节服务贵在持续。我们知道了，一个完整的销售周期是很长的，从客户挖掘、客户洽谈、商品成交、售后服务到再次消费，这是一个循环的过程。在这个循环的过程中，每一个环节都需要我们重视细节的服务，如果在某一个环节我们忽视了细节服务，那么，这个销售循环就有可能被中断，从而失去客户，同时失去的还有我们的经济效益。所以，细节服务是一个持续不断的服务。

总之，每一个工作岗位都是实现人生价值的舞台，每一个服务细节都体现着责任。细节的成功看似偶然，实则蕴含着成功的必然。我们要提高服务意识，重视细节，自觉地把客户的小事当作自己的大事来对待，才能服务好客户。

3. 细致用心，提供个性化服务

个性化服务是根据用户的设定来实现，依据各种渠道对资源进行收集、整理和分类，向用户提供和推荐相关信息，以满足用户的需求。从整体上说，个性化服务打破了传统的被动服务模式，能够充分利用各种资源优势，主动开展以满足用户个性化需求为目的的全方位服务。在现代的市场竞争中，个性化服务才能与每一位客户建立良好关系，实现“客户至上”的目标。

有一位客人入住一家星级酒店，他跟行李员说：“我明天早上想7点半游泳，不知道可不可以？”其实他是想考察一下这个行李员的应变能力，因为他知道这家酒店往往是8点半才能游泳的。没想到行李员居然跟他说：“先生，按我们的规定是8点半才能游泳，不过您说7点半，我先跟娱乐部汇报安排一下看是否可以，我5分钟之内给您回复，您先在房间休息一下。”然后行李员就去协调了。这位客人在客房里等了不到3分钟电话就响了，一听就知道是行李员，他说：“您好，张先生，我刚才跟前厅和娱乐部都沟通协调好了，明天7点半，我们的游泳池将准时为您开放！”这位客人听了非常感动。

第二天早上他去游泳池游泳。途中遇见一位保洁人员。这位在梯子上打扫卫生的清洁人员见到他，立刻从梯子上下来，彬彬有礼地问候他并准确称呼他的姓氏，让这位客人很惊讶。

个性化服务就是以客户需求为中心，在满足客户原来的需求基础上，针对客户的个性特点和特殊需求，主动积极地为客户提供特殊的服务，是对客户采取“量体裁衣”定制式的适合他的服务。个性化服务特别之处就在于，为客户服务的时候不仅要想客户之所想，而且想客户之未想。不仅让客户满意，而且让客户惊喜。这也正是个性化服务追求的境界。

个性化服务是随标准化服务演变过来的一种服务理念和形式，是为迎合不同的个体需求而提供的服务。个性化服务具有很大的经济效益，它体现了企业以人为本的经营理念，是现代企业提高核心竞争力的重要途径。

个性化服务作用主要表现在以下几个方面。

（1）减少库存积压，降低库存成本

个性化时代，企业根据客户的实际订单来进行生产，真正做到了以需定产，因而几乎没有库存积压，大大加快了企业资金的周转速度，减少了资金的占用。此外，由于在产品生产之前就形成了一种契约，相当于产品已经销售出去，因此不会造成产品积压，缩短了再生产周期。

（2）强化与客户的直接沟通，降低企业的流通费用

个性化服务减少了各中间环节及其支持费用，缩短了供求双方之间的距离，强化了企业与客户之间的沟通。

（3）有利于降低销售成本

在个性化服务中，由于产品是在切实了解客户实际需要的基础上设计和生产出来的适销对路的产品，因而只要质量好，定价合理，这些产品就能很顺利地销售出去，大大减少了广告、促销等市场成本。

（4）提高客户价值和忠诚度

首先，客户可以及时反映对产品的个性化要求，从专业人士那里得到及时、有针对性的服务，从而获得了预期利益的满足或使不合理的预期利益得到了纠正，降低了购买风险，提高了客户总价值。其次，客户通过各种信息渠道及时地与产品提供者进行沟通，节省了寻找、挑选购买产品时消耗的时间和精力。最后，个性化服务可以使生产者与客户之间建立起学习型、良好的合作伙伴关系，会提高客户的忠诚度，拥有固定客户。

每次到香港特别行政区，香港人的好客和强烈的服务意识总要令旅行者感动。令人印象深刻的是客户在香港汇丰银行所受到的礼待。香港特别行政区的汇丰银行不像大多数内地银行一样，用厚厚的玻璃窗隔开员工与客户，再通过扬声器来传递沟通，因为这种做法总让客户觉得别扭。香港特别行政区的银行大多是完全敞开式的，甚至有一位执行主任就坐在大厅随时恭候客户的咨询。到汇丰银行开户，除了清晰的标识牌之外，会有人亲切地指引你到前台登记排号，然后到一个像五星级酒店大堂的地方坐着喝咖啡等待。洁净的地毯、柔软的沙发、优雅的环境布置，这一切真正让客户体验到了优质的服务。在一对一为客户服务时，年轻的客户经理会营造轻松的沟通气氛，

详细了解客户的工作和财务状况而不像查户口，让你在未选择汇丰银行之前，先交上他这个朋友。

除了与客户进行个性化沟通之外，汇丰银行提供的也是个性化的产品。一个综合的账户可以集存款、买卖股票、信贷、人寿保险、网上理财等服务为一体，为客户量身打造一份专业的理财计划，以人性化沟通和个性化服务的理念去经营企业，是服务的最高境界，也是当今商场的取胜之道。

在服务过程中，个性化服务就是细微化服务，细微到一个点。古人云：见微知著。可见天下事，必要于细。细则成，细则胜。因此，个性化服务首先注意细节。细枝末节容易被人忽视，也往往容易出纰漏，使服务质量打折扣。

个性化服务也注意从小事做起。服务过程的大事，大家也想到了，也都有人做。只有那些不起眼的小事，人们认为不要紧，从而不愿做，不想做。

个性化服务讲究亲力亲为、不想当然，如在客房服务中每个电器的开关要天天检查。不能认为这个灯昨日还亮，没坏，懒得动手，恰恰是这种想法出了问题，引起客人的投诉。

个性化服务以人性化服务为基础。中国有句老话：“一母生九子，九子各不同。”人的性格是千差万别的，每个人的喜好、需求都是不同的，现在的客人更喜欢符合自己个性的服务产品。有了个性化的需要，就应有个性化的服务。

总之，个性化服务是最高境界的服务。其特点是以客户为中心，把客户看得很重要，把自己当作客户利益的保护者，能认识到每一位客户都有与众不同的需求。只有首先把他们的个性化需求搞清楚，方能有针对性地为其推荐所需商品。这既表达了对每位客户个性化需求的尊重，也真正体现了客户至上的内在含义。这会令每一位客户都获得很强烈的满足感。

4. 及时服务，别让客户等得太久

在为客户提供优质服务的时候，不只是要考虑服务的内容，也要重视服务的时间，即能否及时有效地为客户提供服务。现代人每天过着快节奏的生活，人就变得特别浮躁，你的服务稍微慢了一点儿，在客户的眼中就会显得慢了很多。所以快速及时地服务是非常重要的。

英国著名学者培根说："一件事做得太慢，费时太多，无异于一东西买得太贵。"因此，作为提供服务的人，在意的并不仅是"给客人提供了什么样的服务"，还要考虑让客人怎样感受你的服务。

某饭店商场部有两个柜台在营业时出现完全不同的鲜明对照。一个是站柜台的小张，当客户稍多之际，她只顾忙于一头，手脚不够利索，而让客人等待得不耐烦，于是他们扭头就走开了。小张皱着眉头还以为自己忙得不可开交呢！

另一个柜台的员工小李，她上班时总是微笑着主动迎接每位客户，销售服务时动作麻利干净，做到取物交货快、称重快、计价快、包装快。她总是忙这忙那，却保证有条不紊，耐心细致。她一个人负责一个柜台，五六个客人一齐来的话，她也能安排得井井有条。每当她正在登记经过盘点的存货数或者正在点数货款时，有客户来到她的柜台前，她就会抬起头来说："请稍等片刻，我马上就写（点）完。"当她在登记存货记录本上写完一行记录，或数到50或100等比较容易记住的钞票数额时，在脑中记住这数或记在一张纸上，便停下手中的工作，而让客户等候的时间从未超过20秒。

作为商场的售货员首先想到的是要为客户提供方便，满足客人的购物要求。因此，当客人来到你面前，不管你是经理也好，服务员也好，应该尽快停下手中其他的活儿，马上为面前的客户提供服务，那才会受到客人的称赞。如果让客人久等，那是不应该也是不允许的。这样做，会让客人强烈地感到你是看不起他。要知道在任何服务中，服务的对象——客户应该首先受到关注，如果客户认为自己受到冷遇，而愤然离去的话，那当然有损于企业的生意。如果客户一怒而去，并且发誓永远不会再来的话，那么谁会着急呢？你的老板会，你也会。因为当失去众多的客户时，用不了多久你就会被炒“鱿鱼”。

一位客户讲道：一天上午10点左右，我到我们家楼下的某国有商业银行的一个营业点去交手机话费，当我拿到等待单时，上面显示在我的前面还有7位客人，心中暗自庆幸等待的人并不多。于是，我便坐下，耐心地等待叫我的号码。可是，半小时过去了，我听到的号码离我还有6位客人，我很诧异，开始认真观察柜台员工的工作，这一看让我彻底失望了，我估计按照她的效率，到下午下班时间轮到我的可能性都不大。于是，我上前试图与她做一个沟通，面如冰霜的她头也不抬地说，一边等着去！无奈和无助的我又耐心地等，等啊等，一小时过去了，我的前面还有4位客人在等待服务。这位员工不仅是服务效率低，更可怕的是在她那里，没有公平和公正，面对部分客人的“加塞”，她置若罔闻，不但不加制止，还用她的默认行为助长这种现象。如我一样等待了很长时间的客人愤怒了，我们一起向该营业点的经理投诉，让我们啼笑皆非的是，她似乎对经理的话也不放在心里，依然我行我素。难道是因为她的服务就这个水平，这样的投诉和批评对她而言已经太多，以至麻木了，习惯成自然了？还是她自认有天大的“靠山”，谁又能奈我何？带着极大的不满，我离开该行，到了一街之隔的另一家银行拿了等待单，哇！我前面还有 8 位客人等待服务，又会是怎样呢？怀着忐忑不安的心，我坐了下来，结果，只等了 4 分钟就轮到我了。两者相比较，出于对前面银行的热爱，我打了银行的投诉电话，目的只是希望他们能够改善服务效率，缩短客人的等待时间，提升客人的满意度。接线员非常客气地听完我的讲述，然后承诺 48 小时给我一个答复。无数个 48 小时过去了，我的投诉如石沉大海，我不明白，银行的领导和员工想过没有，在加入世界贸易组织（WTO）后的今天，在政府对银行业的扶持越来越少的情况下，这样的服务能够支持企业的未来吗？如果企业没有了明天，企业的员工将会怎样？

时间对于每一个人来说都是十分珍贵的，时间就是金钱。“快一秒，省一秒”这是及时服务的秘籍之一。在服务中，客户就是“上帝”。只有服务不拖拉，而是高速度、高效率才能更好地做好客户工作。如果用餐者许久不见服务员拿来开点菜单，开电梯的服务员在某一楼层与人闲扯磨蹭，就会使客人和乘客感到恼火。因此，服务必须及时到位，不可拖沓。

在服务工作中，缩短客户的等待时间是让客户满意的基本要求。客户等待时间是指客户在等待服务时，等待服务者为其提供服务的时间。这一时间有两个概念，一个是实际的等待时间，另一个是客户的心理等待时间。对于实际的等待时间，我们可以从提高服务效率方面加以改善。一是合理设置我们的服务流程，尽可能减少不必要的程序；二是经常性地开展服务竞赛，提高服务人员的工作效率；三是提倡快速服务。

对于心理等待时间，由于它是一种心理感受，这种感受因人、因时和因事有非常大的差别。有时候，你的服务时间非常短，但客户却认为服务太慢；而有时候，由于等待的客户较多，服务的时间很长，但客户们却毫无怨言。这是为什么呢？我们应该用心理学的观点来看待和分析客户的心理等待时间。按照心理学的观点，人在快乐、祥和、温馨的氛围里，常能保持幸福的心理感受，具有幸福感的人常常认为时间是很短暂的。所以，让客户等待时，一定要创造好的环境氛围，减轻客户“精神上的等待时间”。

5. 对每一位客户都提供高标准的服务

服务工作重点是满足客户，发掘引导客户潜在的需求，这是服务工作中的一个高层次要求。它要求我们站在对方的立场上看问题，在服务理念、服务方式、服务手段等各方面都需要有标准意识。

服务需要以高标准来要求自己。只有以高标准来要求自己，才能提升一个人的品格，充分地发展他的特性。除此之外，别无他法。高标准并非高不可攀，但也不是伸手可及的，只要我们严格要求并付出艰苦的努力就可达到的。服务的标准化可以从不同的角度和侧面细化进行，一是服务流程层面，即服务的递送系统，向客户提供满足其需求的各个有序服务步骤，服务流程标准的建立，要求对适合这种流程服务标准的目标客户提供相同步骤的服务。二是提供的具体服务层面，即在各个服务环节中人性的一面，在一项服务接触或“真实的瞬间”中，服务人员所展现出来的仪表、语言、态度和行为等。

住在某饭店1102房间的周先生在某日晚上九时临睡前从客房内打电话给店内客房服务中心。

他在电话中讲：“请在明晨六时叫醒我，我要赶乘八时起飞的班机离开本城。”

服务中心的值班员当晚将所有要求叫醒的客人名单及房号

（包括周先生在内）通知了电话总机接线员，并由接线员记录在叫醒服务一览表之中。

第二天清晨快要六点钟之际，接线员依次打电话给五间客房的客人，他们都已起床了，当叫到周先生时，电话响一阵，周先生才从床头柜上摘下话筒。接线员照常规说："早晨好，现在是早晨六点钟的叫醒服务。"接着传出周先生的声音（似乎有些微弱不清）："谢谢。"

谁知周先生回答以后，马上又睡着了。等他醒来时已是六点五十五分了。等赶到机场，飞机已起飞了，只好折回饭店等待下班飞机再走。

周先生事后向饭店大堂值班经理提出飞机退票费及等待下班飞机期间餐费的承担问题。值班经理了解情况之后，向周先生解释说："您今天误机的事，我们同样感到遗憾，不过接线员已按您的要求履行了叫醒服务的职责，这事就很难办了！"

周先生并不否认自己接到过叫醒服务的电话，但仍旧提出意见说："你们饭店在是否弥补我的损失这一点上，可以再商量，但你们的叫醒服务大有改进的必要！"

周先生最后的表态，的确有一定的道理。理应受到客人所信赖的叫醒服务项目，该饭店却没有完全做好，至少是服务标准没做好，如饭店应当确认，叫醒服务是否有效。当话务员叫醒客人时，如果觉得客人回答不大可靠，应该过一会儿再叫一次比较保险。如果许多客房的客人要在同一时间叫醒，而此时只有一名话务员来负责的话，为了避免叫醒时间的推迟，应当由二至三名话务员同时进行，或通知有关人员直接去客房敲门叫醒客人。此外，最好在客房服务中心安装一台录音电话，将叫醒服务的通话记录下来，作为证据保存，录音磁带至少应保存两三天，这样遇到有人投诉时便容易处理了。

服务要有标准有体系，实际上是给客户一个明确的、可以兑现的承诺，这将影响到客户对服务的期望度。而这种期望度会随着服务标准的高低而涨落，因此，要培养员工良好的品牌服务意识，增强服务理念，达到服务标准化。

奔驰汽车公司是世界十大汽车公司之一，它除了以生产高质量、高性能豪华汽车享誉世界，还提供了世界上最标准、最贴心的客户服务，赢得了客户的信赖和支持。奔驰汽车公司充分地认识到公司提供给客户的产品，不只是一个交通工具，还应包括对客户的服务，而服务的质量受一系列标准保证。奔驰汽车公司据此制定了一系列服务标准，公司建立了一支熟练的员工队伍及对产品和对部件进行严格质量检查的质量保障制度。

为了让服务标准更切合客户的需求，在制定服务标准时，奔驰汽车公司强调服务标准应该以客户的需求为导向。在制定服务标准时还注意到标准的可操作性，请了众多的一线客户服务人员参与制定这些标准。

奔驰公司还有一个完整而方便的服务网，这个服务网实现了快捷的标准服务。在这个网上，人们可以看到各种车辆的图样，了解到汽车的性能特点。在订购时，客户可以提出自己的要求，如车辆颜色、空调设备、音响设备乃至保险式车门钥匙等。

标准化是现代服务业区别于传统服务业的重要特征。服务标准就是指导人们的行为准则，也是人们行为的表征。一个充满朝气、富有生命力的企业必须有自己独特的服务体系，在日常经营管理过程中形成一整套完整的服务操作规范与管理制度。

开展服务标准化工作，有利于规范各服务行业市场秩序、提高服务质量、增强服务企业核心竞争力，为构建和谐社会提供有利的技术支撑。按标准执行看似烦琐，实际上却保证了我们的工作服务质量。正是因为按标准执行能够提升效率，降低失误，所以我们在强调标准化服务的时候，才会首先强调高标准的必要性。很多公司的规模做大了，但服务却并没有得到相应的提升，原因就在其标准化服务不扎实。

6. 心贴客户，实现与客户之间的零距离

在服务中，态度决定一切，我们能否做好工作，取决于我们对客户的态度。做好服务工作需要发自服务人员的内心。只有用心去服务，才能得到事半功倍的效果。

有这样一个笑话，一位富裕的农民进城去了一家大饭店，也不知道是他识字有限还是个性随意的缘故，他接过服务小姐递过的菜单翻了翻就说："上一篇儿吧?"

服务小姐浅笑着，就上了"一篇儿"。

农民看着一桌凉菜说："唉，我说你们这儿怎么一个热菜也没有哇?"

服务小姐礼貌地说："您点的这一篇儿是凉菜篇。"

农民无奈地说："那就再点下一篇吧。"……

忍俊不禁之余，仍不免感慨。"一杯水""一支笔"的服务不是不需要，但这些都停留在表面，我们的服务应当向更深层次发展。就像那个饭店的服务员那样服务，迟早是要砸招牌的，迟早会失去顾客的信任的，我们不妨换个角度思考一下，若换作我们需要服务，我们会希望得

到怎样的帮助和关心呢？换作需要得到服务的是我们的父母亲人，我们又会怎样去尽心地服务呢？这还有什么能让我们不赶快行动起来，用真心、诚心、实心和热心来为人民服务呢。因此，服务是从心开始的。服务必须发自内心，否则，再多的培训、再系统的理论和再好的培训都无济于事。你能够解释有关服务的知识和原理，也能够让人确信提供良好的服务是必需的，但这仍不足以对服务人员产生持久的影响，因为许多从事服务行业的人并不是真正用心去服务，他们总是抱怨："为什么要我去侍候别人？""为什么我要受客人的气？""为什么倒霉的事情全让我碰上了？"有时候，不要把思维停留在"为什么"上，而应该集中在"去做些什么"，这样会好一点。设想一下：如果一个人被箭射中后，没有人去关心和医治他的伤，而是不断地问："谁射的箭？为什么会射中这个人？箭从哪里来？又会射向哪里？"请问这些对解决问题有帮助吗？实际上，受伤者急需解决的一个问题是尽快拔出箭并得到及时医治。所以，我们要心贴客户，乐于为别人服务，并给他们带来欢乐。

夜深人静，客人都已休息了，楼面静悄悄的。客房部服务员小张正在值夜班。他按规程在楼面巡逻，不时地来回走动。

凌晨二时许，忽然，一声门响，只见1212房门打开了，一位日本客人双目紧闭，两手摸着墙一步一步朝前移动。

小张见状走上前去，想询问客人是否需要帮助，刚想开口，突然顿住。暗自想道："这位客人的行动很奇怪，不像是盲人，难道是夜游症患者？"

心中念头一闪，小张赶紧停止询问，他先到楼面打电话报告夜班经理。

"喂，我是12楼客房夜班服务员，这儿有位患有夜游症的客人正在楼道里走动，必要时请提供帮助。"

放下电话后，小张便蹑手蹑脚地跟随着那位客人，心想万一发生险况可及时抢救。

客人慢慢地挪动着脚步，小张轻轻地紧随其后，心情很紧张。

时间一分分过去，约半小时，客人在楼层上摸索了一圈之后，慢慢地摸进了1212房，关上房门。

小张看到客人安全回到自己的客房后，松了一口气，回到值班台。

在以后的几小时中，小张始终注意1212房的动向，以免客人夜游症再次发作，发生意外。

早晨6点，交接班时间到了，小张向来接班的小朱交代了夜里发生的事情：

“小朱，昨夜1212房的日本客人出来夜游，幸亏没出什么意外，你要多多留意这位客人的动态，看看是不是需要帮助。”

然后小张迈着轻松的步伐回家了。

碰到这一类事，如果小张没有认真的服务态度，不采取保护措施，客人也许因为夜游不慎摔倒而发生意外。所以，培养服务能力，心贴客户的服务态度是很重要的。服务来自你自己的意愿：看到客人开心的笑容，那就是你服务的原动力。你越是爱你的客人，客人给你的爱也就越多。反之，你越不喜欢你的客人，你也就会得到许多不愉快的回应。因此，乐于为客人提供服务，并给他们带来欢乐！这应是你内心本能的愿望。这一愿望应该是排除了单位的规章制度约束而自愿的服务行为，不是物质利益的诱惑使你想去做的服务行为，更不是你必须完成的任务而无奈的服务行为。乐于为别人服务，并给他们带来欢乐已经是你工作中的一种习惯，没有了这种习惯，你的工作将毫无快乐可言。能够赢得客户满意的服务才是通向完美服务的第一步。这样，才能实现与客户之间的零距离。

7. 用一流的团队创造一流的服务

在当今社会生产中，团队作用越来越重要，面对社会分工的日益复杂化，个人的力量和智慧显得微不足道，即使是天才，也需要他人的协助。只要我们是一个企业的员工，只要我们是一个团队的成员，我们就应该团结协作、同舟共济，就应该为了实现企业、团队的共同目标和利益紧密协作，只有这样才能形成强大的凝聚力和整体战斗力。

李先生中午时接到电话，公司要求他尽快赶回。放下电话，李先生立即查询回公司的车次，还好有足够的时间吃饭。他匆匆来到前台，将房间钥匙交给总台员工，说好半小时后回来结账。总台员工小何礼貌地接过房卡，答复好的。这时另一位员工小陈走了过来，让小何先去吃饭，吃好了来换他。小何想客人要半小时后才能回来结账，吃饭应该来得及的，于是就将房卡放在柜台的一边，并未在交班记录上注明就离开去吃饭了。

大约20分钟后，李先生又匆匆地来到总台，要求快点结账。这时小陈向李先生索要房卡，李先生生气地说，刚刚已经交给总台员工了。小陈说没有人交接，还说李先生的房卡已经退给总台了。李先生十分生气，这时小陈发现柜台上有张房卡，一查果然是李先生的房卡，连说对不起，并通知房务中心查房，并整理账单。

李先生又等了会儿，结完账，感觉很不满意，在回公司的路上通过电话向酒店进行了投诉。

这是一个合作的时代。光有个人的完美服务还不能给我们的客人提供好的服务，那是因为服务产品的最终质量还取决于整个服务过程的良好配合。在服务竞争中，企业的竞争力在很大程度上取决于员工，企业想在激烈的竞争中谋一席之地，必然要求全体员工具备团队合作能力，从而发挥团队精神，以形成强大的团队合力。对于企业来说，应不断完善沟通机制和应变机制，从而形成高情商团队，引导员工形成优秀的团队合作能力。而作为员工，应想客户之所想，急客户之所急，不断学习思考，不断完善自我，以形成优秀的团队合作能力。

李某是一个业务员，他的销售技能和业务关系都非常好，因此，他的业绩在公司里是最好的。取得成绩以后，他就开始对别人指手画脚了，尤其是对那些客户服务人员。

本来这些客户服务人员非常支持李某的工作，只要是他的客户打来的电话，客服就会马上进行售后服务。但是李某动辄说“我给你们饭碗，没有我你们都要饿死”，要不然就是说这些客服人员服务不好，他的客户向他投诉等。客服人员对他说的话开始置之不理，且通过行动与他对抗。后来，凡是李某的客户打来的电话，客户服务人员都一拖再拖。最后，客户打电话给李某，并把怒火发到他的身上。由于后续服务不到位，李某的续单率非常低，原来的客户也都让其他业务员抢走了。

篮球明星迈克尔·乔丹曾说过：“一名伟大的球星最突出的能力就是让周围的队友变得更好。”时代需要英雄，更需要伟大的团队。一滴水曝晒在阳光下，很快就会干涸，但把它融入大海之后，便会获得永恒的生命，因为它把自己融入其他水滴中。只有当整个社会的大多数人都能为别人提供优质的服务时，我们生活的这个社会才能为我们每个人提供同样优质的服务。因此，在工作中，一流的团队才能创造一流的服务。

21 世纪的竞争态势已经很明显，一个伟大的团队远远胜于英雄个人的作用。奥运会上“梦之队”的失利，美职篮中巨星云集的湖人队败给没有大明星的活塞队，就说明了这一点。不仅体育中的团队项目如此，现代社会中的商战也是如此。据统计，在所有诺贝尔获奖项目中，因协作而取得成功的占 2/3 以上。在诺贝尔奖设立的头 25 年中，因合作而获奖的占 41%。例如，美国的阿波罗登月计划实施长达 20 年，涉及 2 万余个公司，几十所大学，是典型的团队合作的例子。除了这种大项目，在一般的公司中，一项工作的完成也需要员工之间的协作。无论做什么事，都离不开团结协作。毕竟，单个人的力量是有限的。所以，团队精神强调团队内部各个成员为了团队的共同利益而紧密协作，从而形成强大的凝聚力和整体战斗力，最终实现团队目标。因此，在日常服务工作中要加强团队合作，充分整合各种资源，充分发挥自己的才能。每个人都离不开团队，团队也离不开个人，应当不断增强自己的责任感和服务意识，进而不断提高团队合作水平，创造一流的服务，才能走上成功的大道。

第六章　排除客户异议，增强客户对企业的忠诚度

处理客户异议是一门艺术。当遇到客户提出异议时，处理稍有闪失就可能让一单生意泡汤！因此，要想取得好成绩，就要有娴熟的技巧和巧妙的办法，不仅要抚平客户的抱怨、置疑，维护好自己、产品和企业的形象，而且能够同时挖掘到客户真正的需求，从而排除客户异议，达成交易，增强客户对企业的忠诚度。

1. 从容应对，冷静面对客户异议

在客户工作中，客户异议是指客户针对员工及其在服务中的各种活动所做出的一种反应，是客户对产品、服务人员、服务方式和交易条件发出的质疑、抱怨，提出的否定或反对意见。比如，客服人员会经常遇到："对不起，我很忙""对不起，我没时间""对不起，我没兴趣""价格太贵了""质量能保证吗?"等被客户用来作为拒绝购买销售品的问题，这就是客户异议。

客户提出异议时，说明其认真听取了产品介绍，而且他对所介绍的产品有兴趣，所以才会根据自己的要求提出异议。每个客户都担心自己买错东西，但又必须购买所需的东西，在下决心购买之前，会存在各种疑虑，这些疑虑就等于要求客服人员助他一臂之力，给他更多的认识，使他做出正确的判断，排除任何异议。因此，员工要抓住机会，尽量鼓励客户提出他们的问题，了解他们的想法，帮助对方解决疑虑。一般来讲，工作中常见的客户异议有以下几种类型。

（1）需求异议

需求异议是指客户认为不需要产品而形成的一种反对意见。它往往是在员工向客户介绍产品之后，客户当面拒绝的反应。例如，"我们根本不需要它""这种产品我们用不上""我们已经有了"等。

（2）产品异议

产品异议是指客户认为产品本身不能满足自己的需要而形成的一种反对意见。例如，"这个产品造型太古板""新产品质量都不太稳定"，还有对产品的设计、功能、结构、样式、型号等提出异议。产品异议表明客户对产品有一定的认识，但了解还不够，担心这种产品能否真正满足自己的需要。因此，虽然有比较充分的购买条件，就是不愿意购买。为此，员工一定要充分掌握产品知识，能够准确、详细地向客户介绍产品的使用价值及其利益，从而消除客户的异议。

（3）价格异议

价格异议是指客户以销售产品价格过高而拒绝购买的异议。无论产品的价格怎样，总有些人会说价格太高、不合理或者比竞争者的价格高。例如，“太贵了，我买不起”“我想买一种便宜点的型号”“我不打算投资那么多，我只使用很短时间”“在这些方面你们的价格不合理”以及“我想等降价再买”等。当客户提出价格异议，表明他对销售产品有购买意向，只是对产品价格不满意而进行讨价还价。当然，也不排除以价格高为拒绝营销的借口。在实际营销工作中，价格异议是最常见的，员工如果无法处理这类异议，营销就难以达成交易。

（4）人员异议

人员异议是指客户认为不应该向某个员工购买销售产品的异议。有些客户不肯买销售产品，只是因为对某个员工有异议，他不喜欢这个员工，不愿让其接近，也排斥此员工的建议。但客户肯接受自认为合适的其他员工。例如，“我要买老王的”“对不起，请贵公司另派一名员工来”等。员工对客户应以诚相待，与客户多进行感情交流，做客户的知心朋友，消除异议，争取客户的谅解和合作。

（5）时间异议

购买时间异议是指客户有意拖延购买时间的异议。客户总是不愿马上做出决定。事实上，许多客户用拖延来代替说“不”。员工经常听到客户说：“让我再想一想，过几天答复你”“我们需要研究研究，有消息再通知你”及“把材料留下，以后答复你”等。这些拒绝很明显意味着客户还没有完全下定决心，拖延的真正原因，可能是因为价格、产品或其他方面不合适。有些客户还利用购买时间异议来拒绝员工的接近和面谈。因此，员工要具体分析，有的放矢，认真处理。

由于营销的环境、客户及营销方法等不同，导致客户表示异议的时间也不相同。一般来说，客户表示异议的时间有以下几种。

①首次会面。员工应预料到客户开始就有可能拒绝安排见面时间。如果这个客户非常具备潜在客户的条件，员工应事先做好心理准备，想办法说服客户。

②产品介绍阶段。在这一阶段，客户很可能提出各种各样的质疑和问题。事实上，员工正是通过客户的提问去了解客户的兴趣和需求所在。如果客户在营销介绍的整个过程中一言不发、毫无反应，员工反而很难判断介绍的效果了。中国有句古话：贬货者才是真正的买主。提出疑问，往往是购买的前兆。

③营销结束阶段。客户的异议最有可能在员工试图成交时提出。在这一阶段，如何有效地处理客户的异议显得尤为重要。如果员工只在前面两个阶段圆满地消除了客户的异议，而在最后关头却不能说服客户，那一切的努力都将付诸东流。

为了避免在成交阶段出现过多的异议，员工应该在准备营销介绍时就主动回答客户有可能提出的异议，为成交打下基础。如果在试图成交阶段客户的异议接二连三，就说明在前面营销介绍阶段存在的漏洞太大。

总之，在工作中，员工对异议往往抱有负面看法，甚至对异议怀有挫折感与恐惧感。但是，对有经验的员工来说，他却能从另外的角度来体会异议，并揭露出另外的含义。例如，从客户的异议中能判断客户是否真的有需求；从客户的异议中能了解到客户对自己的接受程度，这有助于员工迅速调整销售战术；从客户提出的异议中可以获得更多的信息等。因此，我们要冷静面对客户异议。

2. 分析异议原因，把握好处理异议的原则

在整个销售过程中，员工从接触客户、商谈、介绍产品到结单，每一个环节都可能会遭遇客户的异议。对员工来说，客户的异议是家常便饭，是一件很常见的事。

一个异议之所以产生出来，通常有以下原因。

（1）客户方面的原因

①客户本能的自我保护。

②客户对商品不了解。

③客户缺乏足够的购买力。

④客户已有较稳定的采购渠道。

⑤客户对产品或销售企业等有成见。

⑥客户的决策有限。

（2）产品方面的原因

①产品的质量。

②产品的价格。

③产品的品牌及包装。

④产品的销售服务。

（3）客服人员方面的原因

①客服人员自身形象的原因。

②客服人员夸大事实或不正确描述。

③客服人员使用过多专业术语。

④没有找到客户的真实需求。

⑤产品不能满足需要。

（4）企业方面的原因

①企业政策的原因：如企业调价、赠品或是维修政策的变化等。

②企业形象的原因：如企业受到某些事件的影响，使客户产生怀疑等。

在工作中，我们要认真正视客户异议产生的原因，在处理客户异议的时候，必须认识到，客户产生异议是一件很正常的事情，员工要明白，客户有拒绝购买的权利。遭到客户拒绝的时候，员工不应该自暴自弃或放弃继续努力。拒绝虽然会给员工带来一定的负面影响，但真正优秀的员工总是善于从拒绝中总结经验，为下次的成功做好准备。

克洛里是纽约市某著名木材公司的销售员。有一天，克洛里的一个客户抱怨他们运去的一车木材大部分不合格，打算退货。

到了工厂，克洛里经过检查，发现是客户的检验员出了问题，克洛里一点也没暗示对方检验错了，只是反复强调是向他请教，希望今后送货时能完全满足他们工厂的质量要求。由于克洛里和颜悦色，以一种非常友好合作的态度虚心求教，检验员慢慢高兴起来，双方剑拔弩张的气氛缓和了。

这时候，克洛里小心地提醒几句，让检验员自己觉得：他挑选出来的木材可能是合格的；而且，让检验员意识到，按照合同价格，只能供应这种等级的木材。

渐渐地，检验员的态度改变了。检验员坦率地承认，他对检验白松的经验不多，并反过来问克洛里一些技术问题。克洛里这时才谦虚地解释，运来的白松木材为什么全部都符合要求。克洛里一边解释，一边反复强调，只要检验员仍然认为不合格，还是可以调换的。

检验员终于醒悟了，原来是自己搞错了。最后，检验员指出，他们把木材等级搞错了，按合同要求，这批木材全部合格。克洛里收到了一张全额支票。

服务人员与客户在产品质量或其他方面发生意见分歧是常见的事，问题的关键是如何处理这些分歧。客户服务人员要尽量克制自己，不做当面指责客户的蠢事，克洛里将一桩濒临泡汤的生意起死回生，提供了一个很好的范例。更重要的是，克洛里与这家工厂及这位木材检验员建立了良好的关系，这一点，绝对不是金钱能够买到的。

在工作中，只有了解并正视客户异议产生的可能原因，才可能更冷静地判断异议产生的真正原因，并针对原因采取有针对性的解决方法，如此，才能真正有效地化解异议。因此，我们要把握好处理客户异议的原则，做到以下几点。

（1）做好准备工作

“不打无准备之仗”，这是员工面对客户拒绝时应遵循的一个基本原则。销售前，员工要充分估计客户可能提出的异议，做到胸中有数。这样，即使遇到难题，到时候也能从容应对。事前无准备，就可能不知所措，客户得不到满意答复，自然无法成交。可以说，良好的准备工作有助于消除客户异议的负面性。

（2）选择恰当的时机

根据美国对几千名员工的研究，优秀销售员所遇到的客户严重反对的机会只是其他人的十分之一，原因就在于优秀销售员往往能选择恰当的时机对客户的异议提供满意的答复。在恰当时机回答客户异议，便是在消除异议负面性的基础上发挥了其积极的一面。

（3）忌与客户争辩

不管客户如何批评，员工永远不要与客户争辩，“占争论的便宜越多，吃销售的亏越大”。与客户争辩，失败的永远是销售员。

（4）给客户留“面子”

客户的意见无论是对是错、是深刻还是幼稚，销售员都不能给对方留下轻视的感觉。销售员要尊重客户的意见，讲话时面带微笑、正视客户，听对方讲话时要全神贯注，回答客户问话时语气不能生硬。“你错了”“连这你也不懂”“你没明白我说的意思，我是说……”这样的表达方式抬高了自己，贬低了客户，挫伤了客户的自尊心。

3. 认真辨别异议的类型，探询客户的需求

在销售产品的过程中，随时都有可能被客户拒绝，这也是很多员工头痛的一个问题。其实，我们不应该把拒绝仅仅看作是拒绝，更应该看到拒绝在另一个方面其实也是一个购买的信号。销售新人对异议往往抱有负面看法，甚至对异议怀有挫折感与恐惧感。但是，对有经验的员工来说，他却能从另外角度来体会异议，并揭露出另外的含义。例如，从客户的异议中能判断客户是否真的有需求；从客户的异议中能了解到客户对你的接受程度，这有助于你迅速调整战术；从客户提出的异议中可以获得更多的信息等。因此，我们要认真辨别客户异议的类型，探询客户的真实需求。

一般来说，常见异议有以下不同类型。

（1）真异议

客户认为目前没有需要，或对你的产品不满意，或对你的产品持有偏见，例如，客户从别人那里听说你的产品容易出故障。对于此类“真异议”，员工必须视情形考虑是立刻处理还是延后处理。

当客户的异议属于其关心的重点时；当你必须妥善处理后才可能继

续进行销售时；当你处理异议后能立刻获得订单时，你应该立即处理异议。

反之，在以下情况下可以考虑延后处理：当碰到你权限外或你不确定的事情时，先承认自己无法立刻回答，但保证会迅速找到答案并告诉他；当客户在还没有完全了解产品特性及利益前提出价格问题时；当客户的异议在后面可以更清楚地得到证明时，等等。

（2）假异议

假异议通常可以分为两种，一种是指客户用借口、敷衍的方式应付员工，目的是不想诚意地和员工会谈，不想真心介入销售的活动；另一种是客户提出很多异议，但这些异议并不是他们真正在意的地方，如“这件衣服是去年流行的款式，已过时了”“这车子的外观不够流线型”等，虽然听起来也是异议，但不是客户真正的异议。

（3）隐藏的异议

隐藏的异议是指客户并不把真异议提出，而是提出各种假异议，目的是要借此假象达成隐藏异议解决的有利环境。例如，客户希望降价，但却提出其他如品质、外观、颜色等异议，以降低产品的价值，从而达到降价的目的。

不管是何种异议，你需要对异议持正确的态度，如此才可能用正确的方法来处理好异议。一般来说，在面对客户的异议时，最好能持以下态度：

异议是宣泄客户内心想法的最好指标。

异议经由处理能缩短销售周期，而争论则会拖延甚至葬送销售进程。

没有异议的客户才是最难应对的客户。

异议表示你提供的利益仍然不能满足对方的需求。

注意聆听，区分真异议、假异议及隐藏的异议。

不可用夸大不实的话来处理异议，当你不知道答案时，请说“我将尽快提供答案”。

将异议视为客户希望获得更多信息的信号。

异议表示客户仍有求于你。

客户：“你们小区的地段不好，距离地铁线路还是有一段距离啊。”

员工：“地铁线路已经在规划内，两年就会开通，到时候您就算不用来自己居住，作为一项投资，也很值的。”

客户：“可是周围的基础设施建设也不完善，生活会很不方便吧？”

员工：“这附近的医院和学院早已落成很多年了，而在地铁线路周边刚刚开发的商业区也已经开始招商了，大型卖场超市和银行都将马上落户了。”

客户：“你们小区旁边是个工厂，有污染吧。这会影响生活质量，光这一点就会降低你们小区的档次和价位吧？开发商或物业公司对此有什么处理措施了吗？”

员工终于明白，异议背后还隐藏的异议，那就是价格问题。

由此看出，要处理好隐藏式异议，员工还要学习如何处理客户异议背后的异议。但是要真正将客户内心的隐藏的异议引导到桌面上来，并不是一件容易的事情，要说服客户，员工就要有充分的准备和理由。在实际应对中，员工还要仔细观察客户的语言语调、言辞表达、面部表情以及肢体语言等，要去领会客户的言外之意，挖掘客户的个性化需求，从而促使交易的成功。

总之，有异议的客户才是有心成交的客户，消灭客户异议的过程就是一步一步迈向成交的过程。员工要做的，不是简单的灭火器，哪里有异议就去哪里解决问题，而是要从客户的异议中看出更深层次的没被满足的需求，从而掌握关键成交信息，以点带面，轻松成交。

4. 对症下药，找准化解客户异议的方法

在客户工作中，客户异议是不可避免的事情。对此，员工应端正态度，用正确的方法把事情做好。一般来说，面对客户提出的异议，我们可以使用以下方法化解。

（1）转折处理法

转折处理法是工作的常用方法，即员工根据有关事实和理由来间接否定客户的意见。应用这种方法是首先承认客户的看法有一定道理，也就是向客户做出一定的让步，然后讲出自己的看法。此法一旦使用不当，可能会使客户提出更多的意见。在使用过程中要尽量少地使用“但是”一词，而实际交谈中却包含着“但是”的意见，这样效果会更好。只要灵活掌握这种方法，就会保持良好的洽谈气氛，为自己的谈话留有余地。

例如，客户提出员工销售的服装颜色过时了，员工不妨这样回答：“小姐，您的记忆力的确很好，这种颜色几年前已经流行过了。我想您是知道的，服装的潮流是轮回的，如今又有了这种颜色回潮的迹象。”这样就轻松地反驳了客户的意见。

（2）以优补劣法

以优补劣法又称为补偿法。如果客户的反对意见的确切中了产品或公司所提供的服务中的缺陷，千万不可以回避或直接否定。明智的方法是肯定有关缺点，然后淡化处理，利用产品的优点来补偿甚至抵消这些缺点。这样有利于使客户的心理达到一定程度的平衡，有利于使客户做出购买决策。

当产品质量确实有些问题，而客户恰恰提出："这东西质量不好。"员工可以从容地告诉他："这种产品的质量的确有问题，所以我们才削价处理。不但价格优惠很多，而且公司还确保这种产品的质量不会影响您的使用效果。"

这样一来，既打消了客户的疑虑，又以价格优势激励客户购买。这种方法侧重于心理上对客户的补偿，以便使客户获得心理平衡感。

（3）委婉处理法

员工在没有考虑好如何答复客户的反对意见时，不妨先用委婉的语气把对方的反对意见重复一遍，或用自己的话复述一遍，这样可以削弱对方的气势。有时转换一种说法会使问题容易回答得多。但只能减弱而不能改变客户的看法，否则客户会认为你歪曲他的意见而产生不满。员工可以在复述之后问一下："你认为这种说法确切吗？"然后再继续下文，以求得客户的认可。例如，客户抱怨"价格比去年高多了，怎么涨幅这么高。"员工可以这样说："是啊，价格比起前一年确实高了一些。"然后再等客户的下文。

（4）反驳法

反驳法是指员工根据事实直接否定客户异议的处理方法。理论上讲，这种方法应该尽量避免。直接反驳对方容易使气氛僵化而不友好，使客户产生敌对心理，不利于客户接纳员工的意见。但如果客户的反对意见是产生于对产品的误解，而你手头上的资料可以帮助你说明问题时，你不妨直言不讳。但要注意态度一定要友好而温和，最好是引经据典，这样才有说服力，同时又可以让客户感到你的信心，从而增强客户对产品的信心。

不过，反驳法也有不足之处，这种方法容易增加客户的心理压力，弄不好会伤害客户的自尊心和自信心，不利于成交。

（5）合并意见法

合并意见法是将客户的几种意见汇总成一个意见，或者把客户的反对意见集中在一个时间讨论。总之，是要起到削弱反对意见对客户所产生的影响。但要注意不要在一个反对意见上纠缠不清，因为人们的思维有连带性，往往会由一个意见派生出许多反对意见。摆脱的办法，是在回答了客户的反对意见后马上把话题转移开。

（6）强调利益法

强调利益法是指员工通过反复强调产品能给客户带来的利益的方法来化解客户的异议。这种方法适用于具有某种缺点又能为客户带来某种突出利益的产品。

（7）价格对比法

价格对比法是指客户提出相关价格异议时，员工进行横向或纵向的对比来化解客户的异议。

（8）反问法

反问法是指员工对客户的异议提出反问来化解客户异议。反问法常用于员工不了解客户异议的真实内涵，即不知是寻找借口还是真有异议时，主动了解客户心理的一种策略。采取反问法时，应注意语气，保持良好的销售气氛。

（9）冷处理法

对客户一些不影响成交的反对意见，销售员最好不要反驳，采用不理睬的方法是最佳的。千万不能客户一有反对意见，就反驳或以其他方法处理，那样就会给客户造成你总在挑他毛病的印象。当客户抱怨你的公司或同行时，都不予理睬，转而谈你要说的问题。

例如，客户说："啊，你原来是××公司的销售员，你们公司周围的环境可真差，交通也不方便呀！"尽管事实未必如此，也不要争辩。你可以说："先生，请您看看产品……"

国外的销售专家认为，在实际销售过程中80%的反对意见应该冷处理。但这种方法也存在不足，不理睬客户的反对意见，会引起某些客户的注意，使客户产生反感。且有些反对意见与客户购买关系重大，销售员把握不准，不予理睬，有碍成交，甚至失去销售机会。因此，利用这种方法时必须谨慎。

当然这些都是笼统的方法，在针对具体的客户问题时，还需要灵活运用不同的方法来解决客户的问题。同时还应注意以下两方面。

（1）做好充足的准备

在和客户长期接触中，很容易发现最常见的异议。对相应的回应方式成竹在胸，特别对于新手，是最基本的业务准备。并且，在实际工作中不断充实这个“异议库”和相应的“应答库”，以备服务时的需要。

（2）面对客户态度要诚恳

良好的态度永远是服务的前提。面对异议时心情急躁、不舒服是正常的，但显然应调整态度以让客户感觉“你明白并尊重他的异议”。因为客户只有在觉得被尊重、异议被重视、相信你会全力解决问题的时候才会和你交流，说出心里话，并提供更多的资料。诚挚的倾听和热情的回应是良好态度的要件。

例如，承认“是我们的责任……”“这是我的错……”；站在客户的立场：“您这样考虑是很正常的，不过……”；保证马上行动：“我这就给经理打电话”“我一回去就……”；说明答复或解决问题的时间：“最迟明天下午四点钟前我会给您满意的答复”。这些都是很好地缓解客户情绪的好回答。

对于一些无理取闹、情绪化的异议——“这个包装太难看了”“你们公司太小气了吧”，或者客户提出的反对意见和眼前的交易扯不上直接的关系，并不是真的想要获得解决或讨论时，客服人员只要面带笑容地同意就好了。特别是一些“为反对而反对”或“只是想表现自己的看法高人一等”的客户意见，客服人员只需以诚恳的态度对待，迅速引开话题就行了，如微笑点头，表示“同意”或表示“听了您的话”或者说“您真幽默”“嗯！真是高见！”。

通常，直接反驳很容易与客户发生争辩，客服人员应注意言辞委婉，避免和客户直接的言语对抗，更要注意态度诚恳、对事不对人，在让客户充分感受其专业素养的同时不伤害客户的自尊心。这样才能真正既了解客户的真实需求，解决客户的问题，又展示完美的服务。

5. 用数学逻辑化解价格异议

价格异议是指客户以销售产品价格过高而拒绝购买的异议。无论产品的价格怎样，总有些人会说价格太高、不合理或者比竞争者的价格高。例如，“太贵了，买不起”“不合算”“别人比你卖得便宜”等诸如此类的话。面对这类价格异议，我们要学会使用数学逻辑，突出数字的精确性，用最小单位报价往往会收到惊人的效果。

一位人寿保险公司的销售员去某机关家属院销售少儿保险，几位年轻的妈妈询问保费怎么缴，这位销售员未加思索，脱口而出：“年缴36500元买10份，连续缴到年满18周岁……”话音未落，人已散去。试想，那些月收入在3500元左右的工薪族，一听每年要缴36500元，怎么不吓跑呢？无奈，销售员也只好打道回府了。

没过几天，这家保险公司又来了一位销售员，他是这样告诉年轻的父母的：“只要您每天存上10元零花钱，就可以为孩子办上一份保险。”听他这么一说，吸引了不少孩子的爸爸妈妈前来咨询。

其实，这两位销售员销售的是同一险种的保险，保费也没有说错，但为什么会有截然不同的两种效果呢？原因是他们的报价方式有别。前

者是按买10份一年需缴的钱数报的，这样报价容易使人感觉价格比较高，买保险可望而不可即。而后一位销售员是按买一份保险一天要拿出多少钱说的，爸爸妈妈们听起来，会觉得一天省下10元钱是不难做到的，这样他们就会对投保产生浓厚的兴趣。可见，由于后来的这位销售员把价格进行了细分，更容易被客户接受。有些销售员只从个人的业绩出发报价，往往适得其反。

其实，在报价中，采用较小的计价单位之所以会使客户感觉价格便宜，是因为，一方面，卖方采用的单位报价一般暗示着客户自己起码的货币支出，所以，在报价单位较大时，客户朦胧地感觉到自己从口袋中掏出的钞票较多，因而心理感知价位较高；相反，当报价单位较小时，客户似乎觉得要付出的货币数量并不多，因而心理感知价位不贵；另一方面，客户在倾听时，对“数字”的敏感程度远远大于对“单位”的敏感程度，因而对大单位与小单位价格变化的数字差距的反应较快，而对单位的“偷梁换柱”之间的换算却感觉迟钝，所以，在习惯了正常单位较高价格数字的客户来说，突然听到一个较低的价格数字，心理上觉得报价便宜得多。所以，为了使客户容易接受报价，最好采取最小单位报价，让客户感觉价格较低，消除成交障碍。

一位客户走进地毯专卖店，小孙迎上前去。

小孙：“小姐，来选地毯呀？”

客户：“嗯，随便转转。”

小孙：“我们店推出了两款新产品，购买这两款产品的话，现在能够享受特价优惠和超值服务。你来看一下，就是这两款产品。”

客户：“确实不错，特别是这款绿色的，看上去清新淡雅，很有档次的样子。”

小孙：“您真是有眼光，这款‘清溪流泉’卖得最好，我们的客户80%选用的这款产品。你肯定知道，绿色是所有颜色中，最能够让人放松心情的颜色了。”

客户：“花色是不错，多少钱？”

小孙：“这款是我们推出的顶级产品，原价1248元一片，可以给你打个八八折，1098元。”

客户：“哇，这么贵。隔壁看上去花色差不多的标价才848元而已，这个价钱也太离谱了吧。”

小孙：“您看，这是一支油性笔，你在这片砖上随便写几个字。”客户按照小孙的要求在地毯上写了几个字，小孙拿起一块抹布又轻轻地将字迹擦去。

小孙：“为什么说我们这款地毯是针对高档社区专门推出的呢？就是因为它拥有顶级的防污能力。你想想，当您把茶、油、墨水、葡萄酒这些东西不小心洒在地毯上的时候，只要用布一擦，就还你一个干净的地毯。比每月请家政公司打扫能省上千元钱，一年下来就能省上万元，而且又省时间，多合算呀。”

客户（思考片刻）：“好吧，那就要这个吧……”

常言道：“不怕不识货，就怕货比货”，由于价格在“明处”，客户一目了然，而“优势”在“暗处”，不易被客户识出，而不同生产厂家在同类产品价格上的差异往往与某种“优势”有关，因此，销售员要把客户的视线转移到“优势”上。销售员面对客户提出的价格异议，不要急于答复，而是以自己产品的优势与同行的产品相比较，突出自己产品在设计、性能、声誉、服务等方面的优势，往往可以化解客户的价格异议。

再如，在某家具商场，一位客户想买一套组合柜，但看到这里的标价比别处贵一些后，有些犹豫不决。这时销售员主动走上前向这位客户介绍说："我们这里卖的柜子与别人卖的不一样。请您看看这木料、烤漆都是上乘的，做工也很考究，不仅结实，也很光亮。还有，我们的柜子比一般的要深100毫米，放物空间大6%。我们的拉门也比一般的精致、灵活、耐用，不管怎么拉都非常方便自如。另外，我们这里的组合柜还做了两个抽屉，并配有暗锁，可以放一些较贵重的东西。这一比你就知道，一般的组合柜与我们这里的组合柜不能相提并论。您多花上一点钱所得到的好处是一般组合柜的两倍以上。"客户听了销售员的介绍后，得知这里的柜子有这么多的优点，也就不再犹豫了。相反，在生活中人们也碰到这样的销售员，当客户告诉他某某商店比你这里卖得便宜时，他"回敬"一句"那你就去他那儿买去吧"。在这种情况下，客户找不到做"上帝"的感觉，十有八九会"说走咱就走"，生意告吹。

6. 开展客户调查，发展忠诚的客户关系

客户调查是为了发现客户的满意率及满意的地方；发现客户的不满意率及不满意的地方；提高企业的企业形象；让客户有参与感，关注客户的渴望，寻找客户的需求；直接促进服务工作质量的提高。

客户调查的方法有以下四种。

(1) 具体事项调查

具体事项调查主要是服务冲突后的客户满意度调查。其目的是获取客户反馈，迅速行动。

(2) 客户投诉、评论和查询

客户投诉、评论和查询主要是对客户投诉进行分类和发布的系统。目的是找出最常见的服务失败类型，以便纠正；通过与客户交流来确定

改善服务、增进客户服务的时机。

（3）全面市场调查

全面市场调查主要是衡量客户对企业的服务评价。其目的是参照竞争对手的情况，评估企业服务的业绩，排出优先顺序，长期跟踪。

（4）员工调查

员工调查主要涉及员工提供或接受的服务及他们的工作生活质量。其目的是衡量企业的内部服务，找出员工认识到的服务改善障碍，鼓励员工士气。

进行客户调查的要点在于将调查的结果反馈给每一位相关的员工，如定期召开通报会议。将调查结果与经营绩效挂钩，从而有助于激励管理人员不断地改进服务质量，同时还应奖励那些帮助公司降低客户流失率的员工。在调查中应寻找到客户的服务期望，也就是说，要想办法知道客户想要得到何种服务以及服务的水准。仅仅询问客户的满意度如何，而不去调查他们对企业服务的期望有多高，是远远不够的。严格对调查结果进行分析处理。有效的调查结果所提供的应该是变化的动态信息，它可以反映出哪些事情正在改变，以及改变的程度和状况。注意，增加开放性的问题。客户的开放性评论经常激励一线的管理干部；对普通员工而言，当他们目睹客户的激烈评论，意识到客户的抱怨时，也常常会感到很大震动。

开展客户调查的目的为了更好地服务客户，发展忠诚的客户关系。在如今的商业世界中，无论企业家们是否愿意，企业都要面临激烈的全球竞争，越来越多的公司从商品导向转变成为客户导向，重视发展忠诚的客户关系。只有真正以客户为中心，注重客户忠诚的培养，才能避免客户异议。

在美国得克萨斯州利昂时装店有一名叫塞西尔·萨特怀特的女销售员，已经67岁了，她一年销售的鞋子价值60万美元，她自己的年收入达10万美元。由于她的出色服务而被称为传奇人物。客户总是慕名而来，满意而去。走进这家商店，经常看到不少妇女在等她，在她的客户中，有政府女官员，有公司工作的女职员，也有女律师、女医生，还有政府官员和企业界巨头的夫人。她们不仅每隔一定时间就到塞西尔那里去买鞋，而且准备出差或旅行时也去她那里，寻觅一双舒适美观的鞋。

妇女们喜欢去她那里买鞋并非那里的鞋特别时髦，也不是店里的设施特别讲究，而是塞西尔给予她们那种特殊的、情意绵绵的关注和服务。当她接待客户时，会使客户感到好像她生活中除你之外再没有任何人似的。如果这双鞋你穿着不合适，她是不会让你买的；如果另一双鞋穿在你脚上不好看，她也绝不会卖给你，她进库房为你拿出来挑选的鞋，有时可多达300双。每次你试穿一双，她都陪你照镜子，而且，她有时会跪在你脚下，帮你穿上脱下。塞西尔这样做，自有她的服务观念："人们都希望生活中有些令人高兴的事，而大部分妇女，她们到我这里来，所需要的正是忠诚热心的服务。"这种服务观念像一块强大的磁石，吸引了众多忠实的客户。

客户忠诚是一个多维的概念，是客户长期以来所形成的对某企业的产品和服务的一种消费偏好，是客户认知忠诚、情感忠诚、意向忠诚和行为忠诚的有机结合。企业需要的是忠诚的客户，生意的基础是建立在忠诚的客户之上的。忠诚的客户能够自觉排斥货比三家的心理，能在很大程度上抗拒其他企业提供的优惠和折扣等诱惑，而一如既往地购买所忠诚企业的产品或服务。忠诚的客户还注重与企业在情感上的联系，对所忠诚企业的失误会持宽容的态度，并向企业反馈信息。企业经营实践表明：买方市场条件下，客户忠诚才是现代企业最宝贵、最可靠、最稳定的资本。高度忠诚的客户不仅是企业竞争获胜的关键，也是企业长远发展的根本保证。

7. 让客户满意，才能让客户更信赖

客户满意是人的一种感觉水平，它来源于对产品或者服务所设想的绩效或产出与人们的期望所进行的比较。美国专家菲利普·科特勒认为，客户满意是指“一个人通过对一种产品的可感知效果与他的期望值相比较后，所形成的愉悦或失望的感觉状态”。当商品的实际消费效果达到消费者的预期时，就导致客户满意，否则，会导致客户不满意。由此可见，满意水平是可感知效果和期望值之间的差异函数。如果效果低于期望，客户就会不满意；如果可感知效果与期望相匹配，客户就满意；如果可感知效果超过期望，客户就会高度满意、高兴或欣喜。

一般而言，客户满意是客户对企业和员工提供的产品和服务的直接性综合评价，是客户对企业、产品、服务和员工的认可。客户根据他们的价值判断来评价产品和服务，因此，满意是一种人的感觉状态的水平，它来源于对一件产品所设想的绩效或产出与人们的期望所进行的比较。从企业的角度来说，客户服务的目标并不仅止于使客户满意，使客户感到满意只是营销管理的第一步。美国维持化学品公司总裁威廉姆·泰勒认为：“我们的兴趣不仅在于让客户获得满意感，我们要挖掘那些被客户认为能增进我们之间关系的有价值的东西。”在企业与客户建立长期的伙伴关系的过程中，企业向客户提供超过其期望的“客户价值”，使客户在每一次的购买过程和购后体验中都能获得满意。每一次的满意都会增强客户对企业的信任，从而使企业能够获得长期的盈利与发展。

对企业来说，如果对企业的产品和服务感到满意，客户也会将他们

的消费感受通过口碑传播给其他的客户，扩大产品的知名度，提高企业的形象，为企业的长远发展不断地注入新的动力。但现实的问题是，企业往往将客户满意等于信任，甚至是“客户忠诚”。事实上，客户满意只是客户信任的前提，客户信任才是结果；客户满意是对某一产品、某项服务的肯定评价，即使客户对某企业满意也只是基于他们所接受的产品和服务令他满意。如果某一次的产品和服务不完善，他对该企业也就不满意了，也就是说，它是一个感性评价指标。

客户满意包括产品满意、服务满意和社会满意三个层次。

（1）产品满意

产品满意是指企业产品带给客户的满足状态，包括产品的内在质量、价格、设计、包装、时效等方面的满意。产品的质量满意是构成客户满意的基础因素。

（2）服务满意

服务满意是指产品售前、售中、售后及产品生命周期的不同阶段采取的服务措施令客户满意。这主要是在服务过程的每一个环节上都能设身处地为客户着想，做到有利于客户、方便客户。

（3）社会满意

社会满意是指客户在对企业产品和服务的消费过程中所体验到的对社会利益的维护，主要指客户整体社会满意，它要求企业的经营活动要有利于社会文明进步。

因此，要让客户满意，就要获得客户的信任，化解客户的异议。客户异议通常会表现为疑虑、误解、缺点和投诉等，员工针对不同的异议须有的放矢。为了让客户感觉我们是和他站在同一立场的，员工要学会认同客户的感受，采取积极的态度，重视客户的异议，这才是成功地解决异议的开始。为此，要做到以下四点。

（1）信守承诺，量力而行

俗话说："承诺是金。"这句话就告诉我们，许下承诺是一件非常重要的事情。因此在服务客户时，首先，我们应该考虑在我们能力范围内能给客户什么样的承诺，我们总不能夸下海口，这样只会让客户觉得你不可靠，不能给人一种信任感。例如，客户反映品牌货源不足，这时我们不应该向客户许下承诺了；还有申请停歇业，这就不是我们能够给予肯定的承诺范围了。其次，我们应该考虑承诺能给客户带来什么样效果，我们对客户许下的承诺不能给客户带来成果，那么倒不如不给予服务承诺。最后，我们应该考虑这个承诺需不需要和相关部门结合，如果需要我们应该先咨询相关人员再给予承诺。所以员工在服务客户时，不能随便给予客户承诺；有时候不能兑现承诺就会影响你在客户心目中的印象，影响以后的工作。

（2）消除客户疑虑

疑虑说明客户需要保证，需要有力的证据。所以员工要提供相关的资料，证明产品确如所说的那样能给予客户利益，满足其需求。需要注意的是，证明资料必须是相关的，也就是要针对客户所怀疑的特征和利益。

其基本做法是当客户提出疑虑时，员工则立刻回复："这正是我认为您要购买的理由！"也就是说，员工要立即将客户的反对意见直接转换成其必须购买的理由。例如，客户："收入少，没有钱买保险。"员工："收入少才更需要购买保险，以获得保障。"客户："我这种身材，穿什么都不好看。"员工："身材不好才更需要修饰嘛。"

但一些代表着重要需求的疑虑就不是简单的技巧所能解决的。如对产品性能、公司服务等方面的疑虑是需要确实证据来证明的。这时候，提供案例或权威机构的认证就能有效地消除客户的疑虑。

(3) 克服客户的误解

产生误解是由于客户不了解你的产品和公司，或得不到正确的资料。在销售过程中，误解是很常见的，如你没有问及或客户没有听到相关情况都可以产生误解。但问题的根本点是误解背后客户有需要。所以要弄清该需要，并说明该需要。

通常，直接反驳很容易陷入与客户争辩，员工应注意言辞委婉，认同客户的感受，避免和客户直接的言语对抗。

(4) 学会面对缺点

缺点的本质是在客户眼里你所提供的产品的特征和利益不能满足他的需要，并且在他看来这是事实。所以，处理缺点的基础是使客户从全面的角度去看待双方的合作，去看待你给客户带来的利益。正如世界上没有十全十美的产品，当客户提出的异议正是产品的不足时，员工应承认并欣然接受，表示认同客户的感受，强行争辩显然是不明智的做法，只会加深客户对你的不信任和反感。当客户表达缺点时，员工首先应该询问，站在客户的角度去认识和理解，使自己清楚缺点背后的原因和需要，然后用利益去影响客户。

总之，在如今竞争日趋激烈的市场中，员工更要做到诚信和承诺，满足客户的需要，让客户满意，这样才能保持良好的客户关系，让员工今后的工作顺利持续下去，从而赢得客户、赢得市场。

第七章 正确应对投诉，掌握处理客户投诉的技巧

有些企业最怕听到客户的抱怨、投诉，认为这是麻烦的事情。事实上不是这样的，客户投诉是企业了解客户满意和忠诚的一个窗口。正确处理客户抱怨和投诉，具有吸引客户的价值。妥善、高效地处理客户投诉，不仅能避免一些法律问题，挽回眼前的损失，更重要的是可以重塑客户对企业的信心。

1. 面对投诉，态度先行

客户投诉是消费者对商家的产品质量问题、服务态度等方面向商家主管部门反映情况，检举问题，并要求得到相应补偿的一种手段。如今社会这种情况发生的频率越来越高，这是一种社会进步的表现，也促使竞争更为激烈，产品质量更好，服务态度更好。

一般来说，在工作中我们把客户投诉分为严重投诉和一般投诉，分类管理。严重投诉包括来自政府和新闻媒介或相关部门的投诉。其社会后果严重，或将会引发一系列具有社会影响的问题投诉及涉及产品安全问题的投诉，如引起客户出现病症甚至死亡的产品投诉，投诉产品的致病菌污染、化学制剂污染、产品的虫害污染等。一般投诉包括涉及产品质量问题的投诉，如投诉产品的感官、口味、包装、净含量等方面的问题。此外，还有服务投诉、价格投诉、诚信投诉等。

一天下午，日本东京奥达克余百货公司的售货员彬彬有礼地接待了一位来买唱机的女客户。售货员为她挑了一台未启封的“索尼”牌唱机。事后，售货员清理商品发现，原来错将一个空心唱机货样卖给了那位女客户，于是立即通知公司警卫。警卫四处寻找那位女客户，但不见踪影。经理接到报告后，觉得事关客户利益和公司信誉，非同小可，马上召集有关人员研究。当时只知道那位女客户名叫基泰丝，是一位美国记者，还有她留下的一张“美国快递公司”的名片。据此仅有的线索，奥达克余百货公司公关部连夜开始了一连串近乎大海捞针的寻找。先是打电话，向东京各大宾馆查询，毫无结果。后来又打国际长途，向纽约的“美国快递公司”总部查询，深夜接到回话，得知基泰丝父母在美国的电话号码。接着，又给美国拨打国际长途，找到了基泰丝的父母，进而打听到基泰丝在东京的住址和电话号码。几个人忙了一夜，总共打了35个紧急电话。

第二天一早，奥达克余百货公司给基泰丝打了道歉电话。几十分钟后，奥达克余百货公司的副经理和提着大皮箱的公关人员，乘着一辆小轿车赶到基泰丝的住处。两人进了客厅，见到基泰丝就深深鞠躬，表示歉意。除送来一台新的合格的“索尼”唱机外，又加送著名唱片一张、蛋糕一盒和毛巾一套。接着，副经理打开记事簿，宣读了怎样通宵达旦查询基泰丝住址及电话号码，及时纠正这一失误的全部记录。

这时，基泰丝深受感动，她坦率地陈述了买这台唱机，是准备作为见面礼，送给东京外婆家的。回到住所后，她打开唱机试用时发现，唱机没有装机心，根本不能用。当时，她火冒三丈，觉得自己上当受骗了，立即写了一篇题为《笑脸背后的真面目》的批评稿，并准备第二天一早就到奥达克余百货公司兴师问罪。没想到，奥达克余百货公司纠正失误如同救火，为了一台唱机，花费了这么多的精力。这些做法使基泰丝深为敬佩，她撕掉了批评稿，重写了一篇题为《35次紧急电话》的特写稿。

《35次紧急电话》稿件见报后，反响强烈，奥达克余百货公司因一心为客户着想而声名鹊起、门庭若市。

当出现客户投诉时，许多公司认为他们的客户是爱挑剔且难讨好的人，这种态度是错误的，正确的态度应该是感激，因为抱怨的客户往往是想再给企业一次机会。令人满意的客户投诉处理，可以培养客户的忠诚度，可以促进企业成长，可以帮助企业提升形象，更可以帮助企业发现隐藏的商机。

因此，在客户管理上，我们要重视客户投诉，把握好处理客户投诉的原则。

(1）先处理情绪，后处理事件

美国有一家汽车修理厂，他们有一条服务宗旨很有意思，叫作“先修理人，后修理车”。什么叫“先修理人，后修理车”呢？一个人的车坏了，他的心情会非常不好，你应该先关注这个人的心情，然后再关注汽车的维修，“先修理人，后修理车”讲的就是这个道理。当人处于某种情绪的时候，是很难想到解决问题的办法，尤其是当客户因为购买我们的产品而引出诸多不便时，这时我们更要态度和蔼、耐心。

(2）学会倾听客户抱怨

倾听不光是对客户的尊重，也是提升服务品质的重要环节之一。如果不仔细倾听客户的话，你就不能够对他的问题做出正确的反应；如果你对客户的观点及所用的概念都没有弄清，你怎么能知道你的解决办法是正确可行的呢？我们首先要学会倾听，收集数据，做好必要的记录。只有认真听取客户的抱怨，才能发现其实质性的原因。而且一般的客户投诉多数是发泄性的，情绪都不稳定，一旦发生争论，只会更加火上浇油，适得其反。所以不妨也必须耐心地倾听客户的抱怨，避免与其发生争辩。

(3）换位思考，替客户考虑

在处理投诉时最重要的是站在客户的角度去想问题，诚心诚意地去表示理解和同情，勇于承担责任。多为客户着想，多了解了客户的想法，这不仅有益于你和客户沟通，最重要的还是你借此知道客户的要害点，做到有的放矢。在面对客户投诉时，如果学会时时站在客户的角度上看问题，沟通的顺利程度将会超出你的想象。

(4）迅速采取行动

现代企业对服务越来越重视，对客户服务人员的培训也非常到位。一有客户投诉先说“不好意思、对不起”肯定没错，可是客户投诉的整个过程就听到工作人员不停地在说“不好意思、对不起”之类的话而没有任何改进的措施，客户也绝不会满意。要明白客户投诉不是来听你说对不起的，而是希望问题得到及时有效地解决！客户投诉的处理必须付诸行动，不能仅仅是同情和理解，要迅速地给出解决的方案。

总之，不论面对哪种投诉，我们都要积极应对，虚心接受客户投诉，耐心倾听对方诉说。客户只有在利益受到损害时才会投诉，作为客服人员要专心倾听，对客户表示理解，并做好记录。待客户叙述完后，复述其主要内容并征询客户意见，对于较小的投诉，自己能解决的应马上答复客户。对于当时无法解答的，要做出时间承诺。在处理过程中无论进展如何，到承诺的时间一定要给客户答复，直至问题解决。

2. 细心分析客户投诉的原因

人的希望得不到满足时，就会产生失望情绪。这种形态表现在企业和客户之间，就会表现为客户的不满意，可能导致客户的投诉。俗话说，无风不起浪，空穴不会来风，虽然说现实生活中有些投诉者确实属于无理取闹，但绝大多数投诉者的投诉还是有理有据，合情合法的。要解决好客户的投诉，首先找出客户不满的原因，然后针对不同的原因采用不同的处理办法。

下面介绍几种最常见的引起客户投诉的原因。

(1) 产品不良引起的投诉

产品不良包括品质不良，标志不全，包装有污损、破洞等。虽然产品不良往往是制造商的责任，如衣服洗后缩水、褪色或罐头里有异物，但销售商并非完全没有责任。为了保证售出商品的质量，销售商在进货时应严把质量关，在陈列时注意商品的保护，在销售时详细向客户解释商品的使用、保养方法，避免因客户使用不当而引起商品损坏，甚至引发事故。

如果发生此类投诉，不论责任在谁，销售商都应诚恳地向客户道歉，然后奉上新的商品，如果客户用了该商品而发生物质上或精神上的损失，销售商还应适当地给予补偿。

（2）由服务方式引起的投诉

这里的服务方式是指员工接待客户时的服务方式。员工接待客户方式的好坏，直接关系到客户对销售商的信任程度。客户对员工服务方式的不满主要表现在以下三个方面。

①员工态度不当。

员工在接待客户时，经常会因态度不当而引发客户投诉。例如，员工只顾自己聊天，不理会客户招呼；员工因客户购买金额不多而冷淡、应付，或者不屑一顾；员工在客户准备买商品时，热情相待，倘若客户决定不买，员工马上板起面孔，甚至冷嘲热讽；还有些员工会与客户发生争吵。这些行为很容易引起客户不满。

由于员工态度不当而造成的纠纷，不像商品不良一样有明确的证据，而且同样的待客态度也可能由于客户的不同而有不同的反应；所以，出现此类纠纷以后，客户一般不会再与员工理论，而是直接找经理投诉。碰到此类情况，经理可以采用两种处理方法：一是仔细听完客户的抱怨，然后代表销售商向客户致歉，并保证一定会加强对员工的教育，不让类似情况再次发生；二是陪同肇事的员工一起向客户道歉，以期获得客户的谅解。

②员工工作上出现失误。

不管员工如何注意服务态度，偶尔也会因为一时的小疏忽而引起客户的不满。例如，算错了钱，多收了客户的钱款；或者为客户介绍商品时不准确，以至于客户买错了商品；或者拿给客户的商品与客户要求的号码、规格不符等。当客户发出此类抱怨时，员工必须诚恳地向客户道歉，并且承担所有责任，而不要把一丝一毫的责任推卸给客户。如果客户觉得自己有部分责任，如没讲清要求等，他会自己说出来，好让员工感觉好一些。反之，员工若暗示客户也有责任，只会使情况变得更糟。向客户道歉以后，员工要征求客户意见，或者退掉商品，或者换一件新的，或者补给客户多收的款项。只要员工确实有改正失误的诚意，仍会获得客户的好感。

③客户对员工产生误会。

有时候员工可能没犯什么错，也没什么不称职的地方，但客户会因为对员工及其提供的服务持某种主观的否定态度而产生不满情绪。例如，客户认为员工为他挑选商品不够耐心，尽管员工已经尽了最大努力。如果发生了此类纠纷，员工仍应先向客户道歉，然后再仔细地、平静地把原委解释清楚。但注意不要把话说得太明确，以免使客户难堪。因为员工工作的目的是让客户满意，所以不论自己有没有失误，都可以这样对客户说："你说得对。真对不起，我能做什么来补救吗?"在这样的气氛里，客户的不满很容易会化解掉。

（3）使用不习惯的新产品、新材料后产生的纠纷

例如，新型的衣服、衣料在使用过程中出现的问题。由于新型衣料不断增加，在使用、洗涤、保存方面产生的问题也越来越多。近几年流行的羊绒衫，又轻便又保暖，但是在洗涤时如果用一般的洗涤用品，羊绒衫就会缩水、变形，让许多客户感到相当不方便。为了避免客户产生这类抱怨，员工在销售这些商品时，应事先了解清楚这些商品的特性及使用、保管和洗涤的方法，以便全面地向客户介绍这些商品的优缺点，以及在使用、保存和洗涤时应特别注意的问题，这样才不至于产生太多的问题。

（4）客户需要的服务过高而引起的纠纷

有时候，客户要求的服务水准太高，来不及安排，或者根本无力提供。这时候，如果员工只简单地说声“不”，而不做任何解释的话，也会引起客户的不满。对待这种情况，员工应该首先如实告诉客户销售商的局限，然后主动帮助客户寻找解决问题的方法。例如，当客户要求某种销售商不提供的服务时，不要说“不，我们没有这种业务”，而是说“没问题，虽然我们没有这种业务，但我知道哪些单位能提供这种服务”。然后把有关单位的地址和电话号码介绍给客户。如果没有这些资料，可以告诉客户到哪里能查到有关内容。如果这样做了，虽然客户没有得到他们所需要的服务，但也会留下好的印象。

以上是客户投诉的主要原因。但是我们应该知道，在所有接受服务的客户中，当客户不满意的时候，只有很少的人会投诉，剩下大多数的人不会出声。为什么会有这么多的人不出声呢？这主要是因为服务的特点——无形性和不可分性。由于无形性，客户对服务过程的评价是主观的，结果常常因缺乏客观性观察的确定性，导致客户对自己的评价产生怀疑。由于不可分性，客户常对服务过程有所投入。所以，在出现不合乎自己心意的情况下，客户可能会更多地责备自己没能向服务人员说清楚自己所希望的服务水平和类型。也由于这种不可分性，很多客户会觉得当着服务人员的面投诉有些不自在。还有，很多服务的专业性、技术性很强。客户会觉得自己的专业知识不够，难以对服务质量做出正确评判，所以不会轻易投诉。因此，大多数的客户投诉并不是无理取闹，客户大都是理智的人。那么，客户希望通过投诉获得什么呢？就是希望得到重视、关心和尊重。因此，在处理各种客户投诉时，我们要掌握两大原则：一是客户至上，永远把客户的利益放在第一位；二是迅速补救，确定把客户的每次投诉看作改善管理的机会。只有这样才能获得客户的信赖和支持。

3. 避免与投诉客户正面争吵

与投诉客户正面争吵最容易得罪客户。因此，永远不要和客户争辩。因为那样的话，客户会产生抵触情绪。客户不是我们的敌人，而是未来的合作伙伴。销售的目的是为了达到双赢，而不是要辩得对方理屈词穷。

一位住店客人准备离店，行李员到该客人房间取走三件行李，用车推到前厅行李间以后才绑上行李牌，等待客人前来点收。

当客人结完账，当行李员准备搬上汽车，要客人清点时，那位客人忽然发现了什么，于是很不高兴地指着一只箱子说："这只箱子上面的轱辘被磕掉了，我要你们饭店负责！"

行李员听罢感到很委屈，于是辩解道："我到客房取行李时，你为什么不讲清楚，这只箱子明明原来就是坏的，我在运送时根本没有碰撞过呀。"

客人一听就恼火起来："明明是你弄坏的，自己不承认反而咬我一口，我要向你的上级投诉。"

这时，前厅值班经理听到有客人在发脾气，马上走过来向客人打招呼，耐心听取客人的指责，同时仔细观察了箱子受损的痕迹，然后对客人说："我代表饭店向您表示歉意，这件事自然应该由本店负责，请您提出赔偿的具体要求。"

客人听了这话，正在思索讲些什么的时候，前厅值班经理接着说："由于您及时让我们发觉了服务工作中的差错，非常感谢您！"

客人此时感到为了一只小轱辘，没有必要小题大做，于是保持沉默，这时前厅经理便顺水推舟，和行李员一起送客人上车，彼此握别，了结一桩行李受损的公案。

值班经理的做法是比较明智的。他在没有搞清楚箱子究竟为何受损的真相之前，就主动向客人表示承担责任，这是由于行李员已经直接和客人争辩，为了避免矛盾激化，这样有助于缓和气氛。值班经理懂得，如果你把"对"让给客人，把"错"留给自己，在一般情况下，客人并不至于因此得寸进尺。相反，如果这位值班经理也头脑发热，要和客人争个是非曲直的话，那么后果是不言而喻的。要明白像上述这种事件既然已经发生，那么谁是谁非的结论恐怕难以争得明白，或者可以说根本不存在谁是谁非的问题。相反，客人越是"对"，饭店的服务也就越能使客人满意，从这个意义上理解，客人和饭店大家都"对"了。

在服务过程中，时有争吵发生。仔细观察就会发现，激烈的争吵往往出现在两个极不冷静的人之间，而如果其中至少一方能够采取冷静的方法，这样的结局恐怕就不会出现。因此，在面对纠纷的过程中，当客户感情冲动时，你首先要明白，永远不要与客户争辩，"占争论的便宜越多，吃的亏越大"。要想挫败一个愤怒的客户，没有比冷静耐心更好的办法了。

小莲是一名新护士，她为一个留置胃管的患者做完口腔护理后，端着治疗盘刚回到护士站，恰巧看到一位带气管套管的患者，正在办公桌上的白色处方纸上涂涂画画。出于对处方管理的责任感，小莲顾不上向患者做详细解释说明，就急忙将患者手中的处方拿走。很显然，行动方式有些生硬，直接的后果就是导致该患者的家属不理解，情绪激动地大声指责，一时间，在护士站台前弄出很大动静，引来许多患者和家属围观。

护士长王红见状，连忙上前，耐心而礼貌地安抚躁动的患者家属说："对不起，请您不要着急，您有什么问题我们一定尽力帮助解决。"患者家属显然被激怒了，说："处方不是我自己拿的，是门诊的一位医生交代事项时顺便给了我几张，我用它写字又有什么关系？"

王红把患者及其家属带到办公室，示意患者坐下，安抚说："我很理解您的心情。"稍微停顿了一会儿，见患者家属已经安静下来，继续说道："但是，您可能还不知道，医院对处方的使用范围有严格的管理要求，尤其是处方是不能随便作其他的用途……"

患者家属说："我亲人现在做了手术后暂时不方便大声讲话，只能写字，而原来买的写字板又太大，不方便随身携带。"

王红立刻意识到护士小莲在收回处方时解释不到位，不了解患者为什么要拿处方私用，连忙做出回应："是我们工作做得不细致，没有考虑到您的困难，请您谅解。现在，我就去给您拿一本我们专制的书写本，方便您使用。"说完马上到护士办公室拿了一个专供患者进行书写交流的小本子交给患者。

患者家属说："谢谢你帮我解决了实际困难，刚才我的态度不好，情绪有些激动，希望你们不要放在心上。"

王红会心一笑："没关系，只要您能够满意，我们就放心了。以后您如有什么困难，请随时找我们，我们一定会尽力帮助您的。"

我们在处理客户发怒的时候千万不要意气用事。有人说："冲动是失败和罪恶的动力，冷静是成功与壮举的使者。"我们随时随地都要保持一个清醒的头脑，这样才能保证有一个正确的判断力。请告诉自己："我要冷静，发火只会让事情更糟糕。"

总之，在实际处理中，平息客户的愤怒的最有效方法就是耐心地听完客户的话，不要打断或插话，否则会使已很紧张的局面再度恶化。既然他们有话要说，那就让他们把话说完，不要立刻着手解决问题。如果实在憋不住非要说点什么，最好是顺着客户的话来说，帮他顺气。当耐心地听完了客户的倾诉与抱怨后，当他们得到了发泄的满足之后，就能够比较自然地听得进去服务人员的解释和道歉了。

4. 重视每一位前来投诉的客户

客户投诉处理不仅是企业的工作重点之一，更是员工应熟知的重要环节之一。在整个销售过程中，是不是拿到订单就算高枕无忧了？是不是成交之后就万事大吉了？非也！完整的销售环节还包括客户的投诉处理。只有让客户 100% 满意，销售工作才算大功告成。

曾有一段时间，英国某一家航空公司发现乘坐该航空公司飞机的乘客越来越少。后经调查，发现乘客越来越少的原因主要是公司不能很好地处理乘客的抱怨。而客户的抱怨主要是因为英航公司有许多的规定没有让乘客知道，乘客在旅行过程中妨碍了乘务人员的工作，乘务人员就责怪乘客。根据航空公司对客户做的调查，如果对客户的抱怨处理得当，67% 的抱怨客户会再度搭乘该航空公司的班机。平均一个商务乘客，一生如果都搭乘该公司的航班，可以创造约 150 万美元的营业额。照这么算，那么任何能改善客户服务的做法，都是最好的投资。所以，该公司针对客户的抱怨做了以下的补救措施：

第一，装设了录影房间，不满意的客户可以走进该房间，直接通过摄影机向航空公司总裁马歇尔本人抱怨。

第二，耗资679万美元，安装了一套计算机系统来研究客户的喜好。航空公司就针对客户的喜好做出理想的服务方式。

第三，设立品质服务专员。航空公司设定服务品质标准，由专门的服务人员监督和实行。品质服务专员的任务就是收集、分析、解决客户的抱怨。

经由以上的措施，该航空公司的客户满意度从45%提升到60%，空载率明显减少了。

客户投诉是每一个企业都会遇到的问题。它是客户对企业管理和服务不满的表达方式，也是企业有价值的信息来源，它为企业创造了许多机会。因此，如何利用处理客户投诉的时机而赢得客户的信任，把客户的不满转化为客户满意，锁定他们对企业和产品的忠诚，获得竞争优势，已成为企业营销实践的重要内容之一。

平息客户的不满是培养客户忠诚的良机。你也许会想，所有的客户都喜欢告状，其实恰恰相反。美国华盛顿特区的技术援助研究项目提供的统计数据令人吃惊：96%的客户不打算对服务投诉，只有4%的客户会投诉。这些不投诉的客户是因为对你的服务很满意才不投诉吗？不是的，他们只是不愿找麻烦而已。他们认为，与其浪费时间和精力来抱怨，不如离开你，或是减少与你交易的数量。其实，信赖你的客户才会投诉、抱怨，这是客户对商家的信赖度及期待度的表征。客户如果对你的产品或服务彻底失去了兴趣，他不会过多抱怨或投诉。因此，客户投诉为企业提供了恢复客户满意的最直接的补救机会，鼓励不满客户投诉并妥善处理，能够阻止客户流失。

据研究发现，一个不满意的客户会把他们的经历告诉其他至少9名客户，其中13%的不满客户会告诉另外的20多个人。研究还表明，公开的攻击会比不公开的攻击获得更多的满足。一位客户在互联网宣泄自己的不满时写道："只需要5分钟，我就向数以千计的客户讲述了自己的遭遇，这就是对厂家最好的报复……"但是，如果企业能够鼓励客户在产生不满时，向企业投诉，为客户们提供直接宣泄机会，使客户不满和宣泄处于企业控制之下，就能减少客户找替代性满足和向他人诉说的机会。许多投诉案例表明，客户投诉如果能够得到迅速、圆满的解决，客户的满意度就会大幅度提高，客户大都会比失误发生之前具有更高的忠诚度。不仅如此，这些满意而归的投诉者，有的会成为企业义务宣传者，即通过这些客户良好的口碑鼓动其他客户也购买该企业的产品。

一次，四川的一位农民向海尔公司投诉，说海尔洗衣机质量有问题。海尔公司派人上门一看，排水管里全是泥沙，原来农民兄弟用洗衣机洗土豆所致。员工没有半点责怪用户不按使用说明来操作，热情地为用户修好洗衣机后，迅速将这一信息反馈公司总部。海尔公司很快就生产出既能洗衣服又能洗土豆的洗衣机，投放市场后，很受欢迎，海尔公司也获得可观的经济效益。

如果你是当事人，你会如何处置？是抱怨农民操作不当而拒修，还是帮他修好，并好心地提醒："洗衣机只能洗衣服，以后别洗土豆了！"但海尔做得很到位，因为海尔公司较早确立了"以客户为关注焦点"的管理理念。一个普通的维修员工，能从一个不合理的投诉中看到客户的新需求，并难能可贵地把这种需求及时反馈公司总部。公司总部领导又及时想客户之所想，马上开发出能满足客户需求的新产品，抓住了商机，为海尔创造声誉和效益，这是一个成功处理投诉的典范。

可见，投诉是联系客户和企业的一条纽带，它能为企业提供许多有益的信息。丹麦的一家咨询公司的主席说："我们相信客户的抱怨是珍贵的礼物。我们认为客户不厌其烦地提出抱怨、投诉，是把我们在服务或产品上的疏忽之处告诉我们。如果我们把这些意见和建议汇总成一套行动纲领，就能更好地满足客户的需求。"研究表明，大量的工业品的新产品构思来源于用户需要，客户投诉一方面有利于纠正企业营销过程中的问题与失误，另一方面还可能反映企业产品和服务所不能满足的客户需要，仔细研究这些需要，可以帮助企业开拓新市场。从这个意义上，客户投诉实际上是常常被企业忽视的一个非常有价值且免费的市场研究信息来源，客户的投诉往往比客户的赞美对企业的帮助更大，因为投诉表明企业还能够比现在做得更好。

5. 学会电话和信函投诉的处理技巧

随着日趋激烈的市场竞争，优质服务是企业永恒的主题。而企业在经营过程中无论是产品还是服务均不可能尽善尽美、毫无缺陷，特别是社会不断进步，人们维权意识不断加强，企业难免会遇到客户投诉。尤其是如今电话的普及运用，让客户和企业同时感受到了便利，与此同时，电话投诉也变得越来越频繁。

一家餐厅经理接到一个投诉电话。客户说："前几天，我带着两个客户吃了饭，想再点啤酒时，已经快到发车的时间了，于是我就说希望服务员能快点儿，但送菜还是上迟了。等到啤酒上来我们已失去雅兴，结果剩了一大半，觉得十分仓促，下次我不再带客户到你们店里去了。"经理在用电话向客人极力道歉后，又到对方的公司去，向客人解释和再道歉，留下一盒糕点，作为赔礼，争取客户的谅解。这一方法果然奏效，那个客人后来仍带客户去他们那家店吃饭。

对客户而言，再没有比通过电话向企业提出投诉更快捷的手段了。而且目前多数企业都设有免费电话，给客户的电话投诉提供了很大的便

利，因而过去以信函为主的投诉方式，现在已变为以电话为主。因此，在电话投诉应对中，企业客服人员一定要学会以下几点技巧。

（1）要让声音亲切礼貌

打电话是讲究礼仪的，提防自己在声音上给人以不礼貌印象的细节，如压抑着的笑声、带有感情色彩的鼻音或出气声，这些都可能会引起客户的误解而使问题变得更加难以处理。除了自己的声音外，也要注意避免在电话周围的其他声音，如谈话声和笑声传入电话里，使客户产生不愉快的感觉。打电话过程中绝对不能吸烟、喝茶、吃零食，即使是懒散的姿势对方也能够“听”得出来。如果你打电话的时候，弯着腰躺在椅子上，对方听你的声音就是懒散的，无精打采的；若坐姿端正，所发出的声音也会亲切悦耳，充满活力。因此打电话时，即使看不见对方，也要当作对方就在眼前，尽可能注意自己的姿势。

（2）要耐心地倾听客户的抱怨

不要轻易打断客户的叙述，不要批评客户的不足，而是鼓励客户倾诉下去，让他们尽情发泄心中的不满，当耐心地听完了客户的倾诉与抱怨后，当他们得到了发泄的满足之后，就能够比较自然地听得进服务人员解释和道歉了。

（3）要学会站在客户的立场来想问题

无论客户怎样感情用事，都不要有失礼的举动，千万不能和客户在电话中发生争执。客户有抱怨或投诉就是表现出客户对企业的产品及服务不满意，从心理上来说，他们会觉得企业亏待了他，因此，如果在处理过程中态度不友好，会让他们心里难受、情绪很差，会恶化与客户之间的关系。反之，若服务人员态度诚恳，礼貌热情，会降低客户的抵触情绪。俗话说“怒者不打笑脸人”，态度谦和友好，会促使客户平缓心绪，理智地与服务人员协商解决问题。

(4) 语言得体一点

尽量用婉转的语言与客户沟通，即使是客户存在不合理的地方，也不要过于冲动，否则，只会使客户失望并很快离去。经常性地用一些提示语言向对方表示你正在听，如“是的”“我明白”等。向对方重复一下他告诉你的姓名、电话号码等重要信息，以保证你记下的是正确的。向对方求证一下所有的重要信息，也就是你们正在讨论的问题。

(5) 处理电话投诉和抱怨的动作要快

一来可让客户感觉到尊重，二来表示企业解决问题的诚意，三来可以及时防止客户的“负面污染”对企业造成更大的伤害，四来可以将损失减至最少。一般接到客户投诉或抱怨的信息，最好当天能够给客户答复。答应用户的事情一定要做到，即使还没有解决也要回电告之进度。

虽然电话投诉是客户常用的方式，但现在客户向企业提出投诉的方式多种多样，其中以信函的方式最为传统，也是一些客户常用的方式。一般来说，利用信函提出投诉的客户通常较为理性，很少感情用事。对企业而言，信函投诉的处理更要加倍重视。根据信函投诉的特点，客服人员在处理时应该注意以下要点。

(1) 要及时反馈

当收到客户利用信函所提出的投诉时，就要立即通知客户已收到，这样做不但使客户安心，还给人比较亲切的感觉。

(2) 要提供方便

在信函往来中，客服人员不要怕给自己添麻烦，应把印好本企业的地址、邮编、收信人或机构的不粘胶贴纸附于信函内，便利客户的回函。如果客户的地址电话不很清楚，那么不要忘记在给客户的回函中请客户详细列明通信地址及电话号码，以确保回函能准确送达对方。

(3) 要清晰、准确地表达

在信函内容及表达方式上，通常要求浅显易懂，因为对方可能是位文化程度不高的客户。措辞上要亲切、温和，让对方有亲近感。尽量少用法律术语、专用名词、外来语及圈内人士的行话，尽量使用结构简单的短句，形式要灵活多变，使对方一目了然，容易把握重点。

（4）要充分讨论

由于书面信函具有确定性、证据性，所以在寄送前，切勿由个人草率决断，应与负责人就其内容充分讨论。必要时可以与企业的顾问、律师等有关专家进行沟通。

（5）要正式回复

客服人员在与客户之间的信函最好是打印出来的，这样可以避免手写的笔误和因笔画连贯而造成的误认，而且给人感觉比较庄重、正式。

总之，电话与书信投诉和现场抱怨不同，事情已经发生过了，客人的怒气有增无减，无论你怎么说也没有用，大多时候是听对方诉说。因为客户不在你眼前，而且相互看不见，于是就随意地发泄自己的不满，如果处理不好更增加客人的火气。电话也好书信也好，应答时都必须意识到对方不在你面前，遇到电话或书信投诉时，必须要冷静耐心，尊重客户的抱怨，承认客户是对的，抓住对方所诉说的内容，然后再考虑处理办法，化解客户的抱怨。

6. 完善投诉处理的跟踪管理

当客户不满意某种产品或服务时，他可以说出来，也可以一走了之。如果客户拂袖而去，企业连消除他们不满的机会都没有。投诉的客户仍给予企业以弥补的机会，他们极可能下次还会来买。因此，投诉的客户对企业是个宝。我们要完善投诉处理的跟踪管理，做好客户投诉处理工作。

一般情况下，客户投诉处理流程包括以下几个步骤。

（1）记录投诉内容

根据客户投诉登记表详细记录客户投诉的全部内容，如投诉人、投诉时间、投诉对象、投诉要求等。

（2）判断投诉是否成立

在了解客户投诉的内容后，要确定客户投诉的理由是否充分，投诉要求是否合理。如果投诉并不成立，就可以委婉的方式答复客户，这样会得到客户的谅解，消除误会。

（3）确定投诉处理责任部门

依据客户投诉的内容，确定相关的具体受理单位和受理负责人。如果是运输问题，交储运部处理；属质量问题，则交质量管理部处理。

（4）责任部门分析投诉原因

要查明客户投诉的具体原因及造成客户投诉的具体责任人。

（5）公平提出处理方案

依据实际情况，参照客户的投诉要求，提出解决投诉的具体方案。如退货、换货、维修、折价、赔偿等。

（6）提交主管领导批示

针对客户投诉问题，主管领导应对投诉的处理方案一一过目，并及时做出批示。根据实际情况，采取一切可能的措施，尽力挽回已经出现的损失。

（7）实施处理方案

处罚直接责任者，通知客户，并尽快收集客户的反馈意见。对直接责任者和部门主管要根据有关规定做出处罚，依照投诉所造成的损失大小，扣罚责任人一定比例的绩效工资或资金。对不及时处理问题而造成延误的责任人也要追究相关责任。

（8）总结评价

对投诉处理过程进行总结与综合评价，吸取经验教训，并提出改善对策，从而不断完善企业的经营管理和业务运作，提高客户服务质量和服务水平，降低投诉率。

在工作中，我们要本着“客户至上”的态度面对客户投诉，并把处理结果通过合适渠道进行反馈，同时做好服务跟踪。各专业部门要建立、完善客户投诉处理管理办法，对客户投诉事宜施行全程管控，做到件件有落实、事事有回音。要热情对待各类投诉，对责任不完全在我方的问题，要向客户细致解释清楚，做到态度诚恳、言辞得当、语言文明。

在工作中，全力解决客户投诉的关键是要建立起灵活处理客户投诉的机制，它包括以下方面内容。

（1）制订雇员雇佣标准和培训计划

这些标准和培训计划充分考虑了雇员在碰到公司服务或产品使客户不满意时应做的善后工作。

（2）制订善后工作的指导方针

制订方针的目标是达到客户公平和客户满意。

（3）去除那些使客户投诉不方便的障碍

降低客户投诉的成本，建立有效的反应机制。包括授权给一线员工，使他们有权对公司有瑕疵的产品和服务向客户做出补偿。

（4）维系客户和产品数据库

包括完备的客户投诉详细记录系统，这样公司可以及时传送给解决此次问题所涉及的每一个员工，分析客户投诉的类型和缘由并且相应地调整公司的政策。

总之，客户向我们提出投诉是对我们的信任，因为他相信我们能够为他解决问题，同时也是客户在给我们一次补救的机会。也就是说，如果我们此时能够用心地帮助他们排除困难，大多数客户最终还是会选择留下来。企业应该为客户投诉提供便利条件，鼓励客户投诉，从而使企业能够重新审视产品、服务、内部资源管理等一系列问题，找出其中的不足，有则改之，无则加勉。

7. 重视投诉的预防，把工作做到投诉发生前

俗话说，要想事中不受罪，事前必须多受累；只要事前不受累，事中肯定要受罪。这个道理在客户管理上也是适用的。投诉率的高低是衡量公众对其服务满意度的一个重要指标，因此我们有必要减少投诉的发生，树立良好的服务形象。因此，我们要重视投诉的预防，把工作做到投诉发生前。

一般来讲，解决客户投诉可以从以下几个方面进行：一是客户未投诉时，企业应加强自身产品和服务的质量管理、企业内部文化和机制的建设，确保客户满意，减少投诉的产生；二是投诉产生的时候，企业应积极处理客户投诉，尽最大可能让客户满意；三是投诉发生后，企业在处理投诉时应注意的问题。因此，要做好投诉的预防是非常重要的工作。

在客户工作中，我们要做好以下几点才能减少投诉的产生。

(1) 销售优质的商品

提供优质而安全的商品给客户，这是预防客户投诉的基本条件。这主要包括：

①在经过充分市场调研的基础上，订购、制造优质而且能反映客户需求的商品。

②确实掌握产品的材料及保存方法，以便在销售中能为客户提供

更多的相关知识。

③如果商品发生缺陷，一定要更新，杜绝不良商品流到客户手中，造成客户不满，引起投诉。

（2）提供良好的服务

服务人员素质的高低、技能和态度的好坏，是影响企业服务水准的最重要因素。因此，提供优良的服务首先应从服务人员抓起。

①做好上岗培训，培训可采用“ASK”培训法，即有关服务的技能、知识和态度的培训。

②举办各种业务竞赛活动，促进服务人员整体服务水平的提高。

③注意安全。如果客户在服务场所发生意外并受伤，不管企业怎样说，责任也是无法推卸的，所以，要注意服务场所的安全工作。

（3）加强投诉处理的培训

企业服务人员处理客户投诉的能力与投诉事件是否得以有效解决有非常大的关系。首先，应在企业员工中树立客户完全满意的观念、对员工进行培训，让他们积极去了解企业的运转，企业的业务使命、战略整体目标，明确个人对客户的态度直接影响企业的形象和最终的利润。其次，员工要掌握工作技术技能和沟通技能，熟练的技术技能是提供客户满意的产品和服务的前提，如果直接与客户接触的员工技术不过硬，举止笨拙，这就会影响客户所感知到的产品和服务的质量，降低客户的满意度。客户抱怨管理工作经常与客户直接打交道，企业内部也需要不同部门人员共同协作，所以掌握一定的沟通技巧对员工也是非常重要的，企业应有计划地对一部分员工，特别是与客户经常接触的一线员工进行培训，使之掌握一定的沟通技能。最后，应树立“内部客户”的观念，企业各部门之间，员工之间要相互协作，上一道工序应把下一道工序当成“内部客户”，一线员工只有得到企业其他人员及部门的支持才能为最终的外部客户提供优质的产品和服务。

(4) 围绕“客户完全满意”建设新的企业文化

客户投诉管理作为企业内部一项活动，它的有效进行通常需要企业内部所有部门的参与，所以强调重视客户需求，以客户满意为目标的价值取向必须得到企业所有员工的认同，而这种认同必须建立在“以客户满意为中心”的企业文化中才能获得。

当然，任何一个投诉都不是孤立存在的，都可能与企业的结构、流程、研发、销售和服务甚至外部宏观、微观市场环境变化有关。因此，要完全杜绝客户的投诉是不现实的。当发生客户投诉时，我们重要的是把客户投诉看作是对我们产品或服务的一种反馈，积极应对，为客户投诉提供便利。具体来讲，我们要做好以下四点。

(1) 制定明确的产品和服务标准及补偿措施

企业通过制定产品和服务标准，可以使客户明确自己购买的产品，接受的服务是否符合标准，是否可以投诉及投诉后所得到的补偿。企业执行上述标准的过程中，还能在客户投诉之前对产品和服务的缺陷采取相应补偿措施。

(2) 引导客户怎么投诉

企业应在有关宣传资料上详细说明客户投诉的方法。它包括投诉的步骤、向谁投诉、如何提出意见和要求等，以鼓励和引导客户向企业投诉。

(3) 方便客户投诉

企业应尽可能降低客户投诉的成本，减少其花在投诉上的时间、精力、货币与心理成本，使客户的投诉变得容易、方便和简捷。

(4) 建立激励投诉的制度

企业可以设立免费投诉电话或意见箱，还可以专门设立投诉基金，实行有奖投诉。

总之，避免投诉是前瞻性基础性工作，我们要重视。但投诉发生了也不要怕。当接到客户投诉时，如果是本方的失误，首先要代表公司进行道歉，并站在客户的立场上为其设计解决方案。对问题的解决，也许有三到四套解决方案，可将自己认为最佳的一套方案提供给客户，如果客户提出异议，可再换另一套，待客户确认后再实施。当问题解决后，至少还要有一到二次征求客户对该问题的处理意见，争取下一次的合作机会。我们需要的是树立客户至上的理念，做好每一项工作，满足客户的最大需求，让客户满意。

第八章 专注客户创新，满足客户所需，制造客户所求

创新是一种锐意进取的精神面貌，是一种勇于探索的工作态度，是一种不断追求卓越、追求进步、追求发展的理念。唯有坚持创新，满足客户所需，制造客户所求，才能长期获得客户的认可，在获取利润的同时，也为客户创造了价值，才能实现企业业务的突破与长远发展。

1. 鼓励创新，以客户需求为中心做产品

企业必须以变应变，在创新中不断前进。不管哪个企业、哪个员工，都要接受环境不停变化的事实，都必须意识到：我们面对的未来世界，不是一个故步自封的世界，而是一个充满竞争的世界，只有做好创新才能立足长远。

创新具有多个侧面。根据所强调方面的不同，对创新会有各种不同的定义。有的东西之所以被称为创新，是因为它改善了我们的生活质量；有的是因为提高了工作效率或巩固了企业的竞争地位；有的被称为创新，是因为它对经济具有根本性的影响。但创新并不一定非得是全新的东西，旧的东西以新的形式出现或以新的方式结合也是创新。创新也不一定非是一件物品，它也可以是一种无形的东西。例如，IBM（美国国际商业机器公司）的财务人员发明了商业票据，绕过了银行的“马其诺”防线，引发了一系列的金融创新。可见，创新是广泛存在的。企业想要创造商业成功就必须构建客户需求导向的创新。对于社会市场及企业而言，创新的结果是新产品、新方法、新市场、新原料来源和新的组合。

2015 年 4 月，小米公司创始人雷军利用 2015 年“米粉节”的序幕，宣布五大新品登录小米网，包括小米 Note、红米手机 2A、55 英寸小米电视 2、小米体重秤及小米插线板。没想到最吸引眼球的居然是插线板。插线板是极简单的产品，每个人的家中或多或少都有那么几个。市场上插线板的品种数量甚至达到上百个，不仅单品价格低全靠走量，而且可以称为

品牌的少之又少，用户对于插线板的接受程度仅仅是一个电源插口的延伸工具而已，所以这是一个绝对红海的市场。小米如何颠覆一个不太起眼的插线板？

为什么吸引眼球？一是美观的工艺。纤巧身材，仅铅笔盒大小。但配备 3 个 USB 智能充电插孔、3 组带安全门国标插孔，无焊点一体成型，内建过载保护开关，750°C 阻燃，很漂亮。二是全新的功能。小小的插线板上创造性地搭配了 3 个 USB 插孔，免去了用户为设备充电时臃肿的充电头，这满足了大多数用户对实用性的需求，也是其他插线板所没有的功能。三是雷军提出了一个全新的概念，以前出差出门携带的都是各种充电器，而以后只要带一个小米插线板再配合数据线就可以完成所有充电需求，这满足了用户装酷的心理。四是价格合理，只需要 49 元！所以这个小小的插线板仅在 4 月 8 日米粉节这一天就卖出了 24.7 万个，这是很多插线板凑一起一年都不敢想象的数量。这就是一个普通的插线板经过创新的结果！

创新产品是做给客户用的，离开了以客户为中心这个宗旨，就是掩耳盗铃，即使技术再好，市场也不会买账。因此，我们要优先考虑客户需求创新，如客户需要包子，我们现在只会做馒头，那我们就学做包子，千方百计把包子做好。这样以客户需求为中心，才能产品卖得好，公司经营得好。

2012 年，美国的柯达公司及其子公司向美国的破产法院提出了破产保护申请。柯达，这是一个许多年前，许多人都熟悉的名字。柯达在美国，是一个具有 130 多年历史的老牌公司，追其历史，柯达昔日的成功，也是源于通过技术创新掌握了世界上最为先进的摄像胶卷技术。20 世纪 70 年代中叶，柯达垄断了美国 90% 的胶卷市场和 85% 的相机市场份额。鼎盛时期，该公司的业务遍布150多个国家和地区，资产市值曾高达310亿美元。那么，人们不禁要问：就是这样一个公司，一个工业行业的佼佼者，一个行业的领军企业，为什么会在十几年间颓败和退市了呢？

有关专家和学者对此做出了分析和判断，尽管原因很多，但有一点是一致的，那就是，柯达公司的高层经营管理团队盲目自信，对抗时代，行动迟缓，最后，痛失发展机遇。但是，如果说柯达不注重科技创新，那是冤枉了柯达。事实上，早在1926年，柯达公司就成立了自己的研究和发展实验室。应该说还是美国最早的工业实验室之一。在公司的鼓励和支持下，从1900年到1999年，柯达的研究人员共发明并获得了19576项专利。早在1975年，柯达实验室就研发并掌握了数码相机技术。到20世纪90年代初，柯达就已经研发和制造出130万像素的数码相机。但可悲的是，柯达公司的经营管理团队却拒绝接受和改变，固执地坚持和坚守着传统的相机和胶片市场地盘。后来，其他创新者也发明和制造了数码相机并快速地推上市场。等到市场已经普遍地接受了数码相机，传统相机和胶卷逐步萎缩后，柯达的经营管理层才发觉不妙，想要转型，已经为时已晚，机会全无。

美国微软公司的前董事长比尔·盖茨，曾经教育和告诫他的员工说：微软离破产永远只有18个月。他似乎在提醒人们，危机永远存在，优胜劣汰永远是竞争的自然规律和生存法则。在当下全球信息化和经济一体化社会快速发展的今天，慢进，就是倒退；不创新发展，就会被淘汰。无论是多大的企业，在自然规律和生存法则面前，谁也不能例外。从柯达公司的案例中我们不难看出，从1991年柯达发明并制造出数码相机，到2003年柯达宣布传统相机和胶卷停产并转型，整整用了12年的时间。显然，柯达耗费了远远比18个月更长的时间来抉择自己的未来，他们用于完成创新的转变和转型的时间太长了，以至于贻误了最好的转型发展时机，最终成为落伍者和失败者。

现代企业面临着残酷的市场竞争，每个企业都需要以客户需求为中心的创新。创新是企业最强大的竞争力。“不创新，就死亡。”这句名言已成为企业生存及发展的真实写照，任何一家企业都必须重视创造力，只有这样企业才具有长久的生命力。没有创新力的企业是危险的企业，同样，没有创新力的员工也是危险的员工。如果把市场压力施加到每个员工身上去，员工一定会想办法解决这个压力，这就需要创新，而这个创新正是企业最需要的。如果每个员工都围绕客户需求来动脑筋，都来创新，这对企业来说是一笔非常大的财富。

2. 勇于冒险，给创新以空间

创新是有价值、有发展前途的工作，已经成为当今时代的必然要求。在客户工作上，无论是谁，若没有了创新优势，都将很难有大的发展。为什么我们要强调创新呢？因为推进人类文明不断进步的强大力量，就是无所不在的创新！

创新的过程就是打破常规的过程。不打破一些条条框框，创新就是一句空话。善于创新者，都是敢于冒险、勇于尝试新事物的人。所以，为客户创新需要创造性地开展工作，实现跨越式发展。

20 世纪中期，日本东芝电气公司曾一度积压了大量的电风扇卖不出去。上到公司高层，下到车间 7 万名员工，为了打开销路，他们费尽心机想尽了办法，依然进展不大。有一天，一名员工走进了董事长的办公室，说出了他的想法，这个想法让董事长眼前一亮，看到了希望。这个想法很简单：改变电风扇的颜色。当时电风扇还没有普及，全世界的电风扇只有一种颜色，那就是沉闷的黑色。这名员工大胆建议把黑色改成浅色，这一建议引起了董事长的重视，经过研究很快就被采纳了。于是东芝公司马上投入生产，第二年夏天就推出了一批浅蓝色的电风扇。这种电风扇很受客户的欢迎，市场上掀起了一阵抢购热潮。看到积压的那批电风扇很快销售一空，东芝公司很快又投入了大量资金进行生产，几个月之内就卖出几十万台。从此，电风扇就以五彩的姿态走进日本并走向全世界。

一个人若总是安于现状，墨守成规，碰到事情总要瞻前顾后，然后依照他人的做法“依葫芦画瓢”，就谈不上创新。在创新中，前人留给我们很多的经验和知识，让我们少走了许多弯路。然而，如果我们只是一味遵照他们的传统思路走下去的话，恐怕这个世界将会停滞不前了。

因此，创新有时候需要冒险精神，需要魄力和勇气。有限度地承担风险，无非就是两种结果：成功或者失败。成功了，就有了新的出路。就算失败了，也会清楚为什么做错了，学会以后避免这么做，这也是一种成长啊！其实，许多表面上看来不可能的事情，只要有胆量去做，并且付出自己的努力，就可能会给人们带来意想不到的成功。一位喜剧大师曾在他的自传中写道：“要记住，历史上所有伟大的成就，都是由于战胜了看来是不可能的事情而取得的。”

有个胖女人，胖得连路都走不动了。她去找医生，想要一些减肥药。

医生让她坐下来，详细地问了她的病情。女人说，她越来越胖，担心总有一天身体要爆炸。

“大夫，我求你给我一种好药。”胖女人央求他。

“你先付了钱，明天再来找我！”医生对她说。

女人付了许多钱就回去了。

第二天，胖女人又来找这个医生。医生把她从头到脚检查了一遍，看了看她的嘴，摸了摸她的手和脚，对她说：“尊敬的太太，我读过22456本书，研究过1800万颗星星，我可以准确地告诉你。再过7天你就要死了，那还需要什么药呢？你就回家去等死吧！”

胖女人听了医生的这番话，吓得浑身发抖。回到家里以后，她一直想着自己就要死了。她不停地数着，看她在人间还能活多少小时。她什么也不肯吃、不肯喝，到了晚上也不肯睡觉。她一天天、一小时一小时地瘦了下去。7天过去了，女人躺在床上，唉声叹气地等着自己的死期。可是，死亡根本没有降临。到了第八天、第九天，她还是没有死。

女人忍不住了，就去找医生。这时候，她已经瘦了许多，走起路来步子已经很轻松了。

“你这个骗子！”她愤怒地说，“你凭什么拿我那么多钱？你向我保证过，说我7天以后一定会死，可是今天已经是第九天了。我已经看透了，你是个骗子！”

医生冷静地听她说完，就问她：“告诉我，你现在是胖了还是瘦了？”

女人回答说：“我可是瘦多了！一听说要死了，我吓得一天比一天瘦！”

于是，聪明的医生就对她说：“我这么一吓唬你，比最好的药还灵，可是你还说我是个坏医生！”

已经变得苗条了的女人恍然大悟，从此她和这个医生成了好朋友。

如果医生依照常规做法给那个胖女人开药方，那减肥的效果肯定和这个“药方”不一样，正是因为医生这个打破常规的药方，才使胖女人的减肥效果立竿见影。打破常规，往往能取得意想不到的效果。

许多事情看似不可能，其实是被常规束缚，打破常规，许多不可能就会变为可能。当然，要摆脱和突破常规思考法的束缚，常常需要付出极大的努力。在客户工作上，员工只有转变现有的观念，创新工作思路，改变束缚，才能更好地开展工作。

《经济学家》曾经对200多家中国优秀企业的CEO做了一项关于“员工最缺乏的能力是什么”的调查，结果大多数的答案是：缺乏创新力。可见，创新力已经成为企业最需要的能力。那么从现在开始培养自己的创新力吧，以下的方法很值得我们借鉴。

（1）多动脑筋，开发新的领域

在想尽办法使自己优质、高效地完成更多事情的过程中，如果我们积极地开动脑筋，做一些新的尝试，开拓新的工作思路，掌握新的做事方法，就是在进行创新。

（2）要有打破常规的勇气

是什么原因导致自己创新力的缺乏呢？这或许源于一种不良习惯，就是我们往往受习惯及群体意识的制约，总是根据自己的习惯做事，或者盲目地跟从他人。盲从出不了成绩，只有打破禁锢我们思维的习惯才有新的收获。

（3）注意观察，遇到问题要积极主动解决

没有观察就没有创新的机会，没有思考就没有创新的能力。在工作中我们要善于观察，在做一件事之前不仅要问为什么这样做，还要问怎么做才能做得更好。遇到问题不要习惯性地推脱给他人，或者找他人帮忙，而要想办法自己解决，这样就可以不断挖掘自己的潜能，激发创新。

3. 主动探索，在客户互动中寻找创新灵感

如今的世界日新月异，充满着复杂性和不确定性，企业当前的创新能力已经无法满足来自市场的需求。在客户工作上，要实现高效竞争，企业最需要的是探索更多能够孕育新创意的方法，主动探索，在客户互动中寻找创新灵感。

某电信公司员工小杨在公司同事眼中是名副其实的“点子王”。不过，小杨搞研发创新的驱动力有点特别——把客户的抱怨当成创新灵感的源泉，这是他这些年来总结的“创新法则”。同事们经常看到小杨耐心地接客户的抱怨电话，不仅如此，他还在计算机里密密麻麻地记下了自己接到的各种抱怨，而这个习惯，源于多年前的一件小事。

“我们家的电话为什么经常打不通?”2003 年，一位客户打来电话抱怨，一检查才发现，拖在这位客户电话外的小盒子——ADSL 宽带信号和电话信号的分离器被孩子扯松了。分离器像条尾巴一样拖着，不好看不说，还容易被人为碰拽引发接线松动。能不能去掉这个“小尾巴”？小杨和小小的分离器较起了劲。

小杨跑到珠江路，把市面上能见到的各种电话机、分离器全部买下来，一个个测量器件的电容和电路。经过半年多的试验，小杨开发出双向高频截止功能新型电话机，成功申请国家专利。这种电话割掉了“小尾巴”，让用户上网打电话互不干扰，如今销售量已经超过 300 万台。

创新的点子从来不是从天上掉下来的。客户反馈的问题就是一种财富，是推动企业创新的财富。会抱怨的客户往往是最优质的客户，他抱怨说明他不放弃你，而且客户抱怨，会给你提供一种思路、一种灵感。

灵感是什么呢？有人说是经验；有人说是一种感觉或是知觉；但是不管是什么，有一点是可以肯定的。那就是不管再怎么变，万变是不离其宗的！那就是灵感来得再突然，来得再快，和个人的创新是离不开的！日常生活中，我们常常借助“灵感”去认识、去创作，在未知领域里发现新的知识点，形成追寻创新知识的道路，从而进一步丰富和发展人类的知识宝库。

在2006年3月，一段视频被上传到Youtube，视频的内容是两名身穿白色实验服、头戴护目镜的男人将523颗曼妥思薄荷糖投入101瓶健怡可乐中。该视频很快在互联网上流传开来，看过该视频的用户达到数千万人，视频浏览次数达到数亿次。

曼妥思薄荷糖的生产商不凡帝范梅勒集团（Perfetti Van-Melle）和健怡可乐的生产商可口可乐公司针对这类产品误用行为很快做出了反应，他们与那段视频中的两位仁兄签下了制作合同。两人遵照那份赞助合约制作出第二段长达三分钟的健怡可乐配曼妥思薄荷糖的视频，起名叫“214实验”，并在2006年10月发布。2006年，曼妥思在美国的销售额大涨两成，创下销售涨幅历史纪录。可口可乐对误用其产品的这种做法十分欣喜，在自家网站的主页上把“实验214”视频播放了三个多月，还举办视频大赛，鼓励人们提交他们自拍的可乐喷泉视频。

对于误用其产品的客户，公司能够反过来以其为主题开展营销活动，这也是一种创新宣传。这种方法其实就是一种灵感思维创新。灵感思维是指凭借直觉而进行的快速、顿悟性的思维。它不是一种简单逻辑或非逻辑的单向思维运动，而是逻辑性与非逻辑性相统一的理性思维整体过程。我国著名科学家钱学森说过："如果把逻辑思维视为抽象思维，把非逻辑思维视为形象思维或直感，那么灵感思维就是顿悟，它实际上是形象思维的特例。"灵感的产生常常受到某种事物的启发，灵感虽是思维的结果，但其出现的时机却往往是在人处于一种长期紧张工作之后的暂时松弛状态，如散步、钓鱼、听音乐、观花赏月甚至睡梦中。之所以如此，是因为人在思维时，左脑的逻辑思维起主导作用，思维按特定的方向、特有的规律进行，不同思维方式和内容之间难以发生联系。而当人在精神放松时，右脑的形象思维处于积极活动状态之中，思维范围扩大，思路活跃，想象丰富。左、右脑思维相互联系、相互影响，这就为灵感的产生准备了良好的条件。

在创新工作中，员工要善于捕捉灵感。灵感来得快，去得也快。在客户互动中灵感的不期而至，给人以惊喜之情，真可谓"踏破铁鞋无觅处，得来全不费工夫"。因此在灵感到来之际，必须马上抓住它。

4. 无中生有，创造出客户的需求

史蒂夫·乔布斯有一句名言："客户不知道自己想要什么（People don't know what they want）。"随着 iPod、iPhone、iPad 一系列产品的风靡，许多人便得出结论：创造客户需求才能征服客户。

一般来说，消费者常常这样表达他们期望中的一种生活方式："假如产品……这样而不是那样……就好了"，我们把它转换成内部管理者的语言，就变成了乔布斯提出的"消费者裤兜里，应该装进怎样的产品"，这才是真正意义上的创造需求！在客户工作上，满足需求仅仅局限于原有产品的改善或持续改善，而创造需求则是“无中生有”，通过新产品创造出新需求就是引领客户的创新。例如，当移动互联网时代来临的时候，客户要的并不是改良性的设计的手机，而是革命性的智能手机。显然，按照传统产品的设计方式，无法创造出令客户“喜出望外”的产品。因此，真正意义上的创造需求，必定是“无中生有”。

2001年5月20日，美国一位名叫乔治·赫伯特的销售员，成功地把一把斧子销售给了小布什总统。布鲁金斯学会得知这一消息，把一只金靴子赠予了他，金靴上刻有几个漂亮的字：最伟大的销售员。

这是自1975年，该学会的一名学员成功地把一台微型录音机卖给尼克松后，又一学员登上如此高的荣誉宝座。布鲁金斯学会以培养杰出的销售员闻名于世。它有一个传统，在每期学员毕业时，设计一道最能体现销售员能力的实习题，让学生去完成。克林顿当政期间，他们出了这样一个题目：请把一条三角裤销售给现任总统。八年间，无数学员为此耗费心机，没有一个人取得成功，克林顿卸任后，小布什接任美国总统，布鲁金斯学会把题目换成：请把一把斧子销售给小布什总统。

鉴于前八年的失败与教训，许多学员知难而退。个别学员甚至认为，这道毕业实习题会和克林顿当政期间一样毫无结果，因为现在的总统什么都不缺少，再说，即使他需要什么东西，也用不着亲自购买。

但是，知难而进的乔治·赫伯特成功地做到了，并且没有花多少工夫。一位记者采访他的时候，他是这样说的：“我认为，把一把斧子销售给小布什总统是完全可能的，因为布什总统在得克萨斯州有一个农场，里面种着许多树。”于是他给总统写了一封信，说：“亲爱的总统先生，在您百忙之中打扰您，实在不好意思。有一次，我有幸参观您的农场，发现里面长着许多矢菊树，有些已经死掉，木质已变得松软。我想，您一定需要一把小斧头，但是从您现在的体质来看，新的小斧头显然太轻，因此您需要一把不甚锋利的老斧头，现在我这儿正好有一把这样的斧头，很适合砍伐枯树。倘若您有兴趣的话，请按这封信所留的信箱，给予回复……最后他就给我汇来了15美元。”

乔治·赫伯特的成功对我们来说，既是一个意外，又在意料之中。他成功的关键就在于他找到了创新需要突破的那个点——布什的农场。其实，创新不只是某些特殊人物的专利，只要做个有心人，你也可以成功创新。

西方有一句有名的谚语“Use your head”，意思就是要多动脑、多思考。有一位记者曾经问比尔·盖茨：“你成为当今世界首富，你成功的秘诀是什么？”比尔·盖茨明确地回答说：“思考，时刻不忘记思考。”任何一个公司都希望看到自己的员工在工作中勤于思考，这是创新工作中非常重要的一环。这个世界不缺会干活的人，缺的是会思考的人。

员工在客户创新工作上要勤于思考、勇于探索、敢于创新，激活创新细胞，把创新看作是工作方法、工作水平，将创新作为自身一种必备的素质和能力，并紧密结合岗位工作的实际，创造性地开展工作，创造一流的业绩。在当今这个竞争的时代，“天上掉馅饼”的机会恐怕越来越少了，我们绝大多数人要想有所成就，就必须通过自己的努力，而单凭努力也还是不够的，还必须要创新，要具备别人不具备的本领，只有这样，成功才会敲响你的大门。

5. 善于联想，触类旁通赢得创新

在创新中，联想是指思路由此及彼的连接，即由所感知所思的事物、概念、现象的刺激而想到其他的事物、概念、现象的思维方式。从甲事物想到乙事物，从具体的事物想到抽象的事物，从近的事物想到远的事物，从熟悉的事物想到陌生的事物，从古代的事物想到近代的事物，从正面的事物想到反面的事物，从强大的事物想到弱小的事物等，都是联想思维作用的结果。

美国商人吉列在刮胡子时不小心刮破了脸，他忽然想到如果能发明一种安全剃须刀，一定会生意兴隆，但长期苦思冥想得不到解决。一天，他在理发时，透过镜子看到理发师在修剪头发时用梳子夹进剪刀与头发之间，然后用剪刀剪去冒出梳齿的头发。他立即联想到将刀片与梳子结合起来，发明了安全剃须刀。

联想是打开沉睡在头脑深处记忆的最简便和最适宜的钥匙。当人的思想受到某种刺激或在某种特定的环境下通过回忆可产生类型不同的联想。在客户工作上，联想是重要的创新方法。大发明家爱迪生说过：“在发明道路上，如果想有所成就，就要看我们是否有对各种思路进行联想和组合的能力。”联想在创新过程中起着催化剂和导火索的作用，许多奇妙的新观念和创意，常常由联想的火花点燃。

（1）相似联想

相似联想是指由一个事物或现象的刺激想到与它相似的其他事物或现象，如由“方便面”想到“方便米粉”“方便米饭”等方便类食品。这种相似主要反映事物之间在空间、时间、功能、形态等方面的联系。在创新活动中，相似联想不受事物是否接近的限制，只要它们在某一方面有相同或相似之处，就可运用相似联想把它们联系起来。

例如，某药品公司在研究中发现牛黄是由于胆囊里混进了异物，异物周围凝聚了许多胆囊分泌物，日积月累逐渐形成了胆结石。他们想，能不能借鉴养珠的办法培植出珍贵的牛黄呢？他们对牛实施外科手术，在牛胆里植入异物。一年后从牛的胆囊里取出结石，与天然牛黄效果一样，人工方法培植牛黄取得了成功。

再如，美国发明家乔治·威斯汀豪斯为了发明能够同时作用于整列火车每节车厢的制动装置，思考了很久，一直想不出办法。后来他看到在挖掘隧道时，驱动风钻的压缩空气是通过橡胶软管从几百米外的空气压缩站送来的，从而联想到火车刹车装置也可用类似办法解决，发明了气动刹车装置，直到今天仍被广泛应用。

（2）对比联想

对比联想是由一个事物或现象的刺激而想到具有相反特点的事物或现象，如由黑暗想到光明，由放大想到缩小，由炎热想到寒冷等。杭州岳坟有一副名联：“青山有幸埋忠骨，白铁无辜铸佞臣”，实在是一首绝妙的联想对比。对比联想是从对立的、颠倒的、相反的角度去想问题，又称逆向思维、颠倒思维。运用对比联想，改变人们通常只从正面探求的习惯，把思路引向不被人们注意的方向，从相反的、对立的角度去思考，能够引起新的思索，获得富有创造性的见解。

例如，我国古代军事家孙膑初到魏国，魏王想考察孙膑的才能，就对孙膑说：“你有什么办法让我从座位上走下来？”孙膑想了想说：“大王在上，我确实没有办法让大王走下来，但是如果大王在下边，我就有办法让大王坐上去。”魏王扬扬自得地一边从座位上走下来，一边说：“我看你有什么办法让我坐上去！”孙膑笑着说：“我没有办法让大王坐上去，但是有办法让大王走下来。”孙膑的对比联想思维是何等的丰富、奇妙。

（3）相关联想

相关联想是利用事物、现象之间存在着的某种相关关系进行的联想。利用相关联想，关键是加大联想的跨度，善于将“城门失火”与“殃及池鱼”联系起来思考。只有将表面看起来风马牛不相及的事物联系起来，才能加大相关联想的创新能量。

例如，由儿童想到玩具、连环画、音乐牙刷，由教师想到教鞭、无尘粉笔等，都属于相关联想。

再如，自动洗碗机是一种先进的厨房家用电器，是发明家和企业家适应社会需要的创新杰作。然而，当美国通用电气公司率先将自动洗碗机推上市场时，等待他们的并不是蜂拥而至的客户，而是门前冷落车马稀。在这无可奈何的情况下，公司一位富有创造性的经理，由洗碗机的最终消费者联想到住宅建筑商，建议将销售对象转向住宅建筑商。为了表明自动洗碗机的价值，通用电气公司和建筑商共同做了一次市场实验：在同一地区，对居住环境、建筑标准相同的一些住宅，一部分装上自动洗碗机，一部分不装。结果，安装了自动洗碗机的房屋很快卖出去或租出去了，其出售和出租速度比不装自动洗碗机的房子平均要快许多。这一结果使住宅建筑商受到鼓舞，自动洗碗机的销售局面随之便打开了。

总之，联想是创新思维的一种重要表现形式，在人们的创新活动中具有重要的作用。科学技术上的许多发明创造都曾产生于联想。在客户创新上，我们更要善于联想，触类旁通赢得创新。

6. 另辟蹊径，从别人想不到的地方创新

在创新工作中，一个新创意要想别人想不到的，追求与众不同的效果。只有做别人做不了的，才能财源滚滚来。创造性活动是世界上最伟大的活动。模仿只能跟在别人身后，亦步亦趋，终究不会有什么发展。要想使自己有所成就，就必须学会突破自我，另辟蹊径，不要往一条路上拼命地挤，否则最后挤死的会是你自己。

亨利开了一家水果店，但是因为同行竞争太激烈，水果又有保鲜期，不及时卖出就很容易烂掉，亨利一直入不敷出。眼看着就要倒闭了，亨利绞尽脑汁希望能有一个办法改变现状。

一天夜里，亨利梦见自己进了一个苹果园，苹果树上挂了许多新鲜诱人的苹果，香气宜人，他把每个苹果都看得很仔细。醒来之后，亨利高兴得手舞足蹈，因为他想到了一个很好的创意来解决生意惨淡的问题。

第二天，亨利在自己的水果店门口贴了一张很大的广告："新鲜诱人的水果，现摘现卖，让你看得清楚、买得放心。"客户看到这张与众不同的广告之后，感到非常好奇，水果店怎么现摘现卖呢？而后面的"看得清楚，买得放心"更吸引了客户，因为卖水果总是堆放着的，让客户们很难挑选。短短的时间之内，亨利的店里就挤满了客户，他们脸上都洋溢着笑容，因为亨利真的做到了广告上所说的，他在自己的店里放上许多假的果树，把水果都挂到了树上，红红的苹果、金黄的香蕉、绿色的葡萄……散发着诱人的香味，让人垂涎欲滴，客户

可以把每一个水果都看得很清楚，并且亲手将水果从“果树”上摘下来。

亨利的方法吸引了许多的客户，而且生意越做越大，他又到塑料厂订做了更多各式各样的果树，销量在同行内很快就遥遥领先。有些客户还将果树和水果一起买走，放在家里，现吃现摘。

亨利的创新不仅使他的水果店起死回生，还给他带来了丰厚的利润。

如果你拥有与众不同的创新，就会有与众不同的收获。在我们的实际生活中，大多数时间是按固定模式思考。但没有人规定一件事非得这样做或是非得那样做，每一个人，都应该将“与众不同”作为自己追求的目标，也只有这样，你才有可能取得令人注目的成就！

在竞争激烈、瞬息万变的经济活动中，重复自己，模仿别人，墨守成规，就没有持久的生命活力，许多新的致富机会便会悄悄从身边溜走。因此，创新就要另辟蹊径，从别人想不到的地方入手。

美国的许多厂家，都认为胖女人不会穿裤袜，因此长期没有人开发。而雪菲德公司通过市场调查分析，得出了一种与众不同的意见：正是由于这些肥胖女人目前不穿裤袜，所以市场潜力很大。他们认为放弃这个40%份额的市场实在可惜，于是决定抓住这个不为他人所重视的领域，开辟新的销售市场。

于是，公司集中最优秀的设计人员，专门为胖女人设计出一种名为“大妈妈”型的裤袜。接着，该公司为“大妈妈”型裤袜大做广告。广告中，三位胖墩墩的妇女穿上裤袜排成一线，标题上写着“大妈妈，你真漂亮”几个大字。从侧面看，这三位妇女不但没有了肥胖的感觉，而且让人觉得很快乐而且充满自信。

广告发布后的一个月，雪菲德公司收到了7000封表扬信，也掀起了胖女人争相购买裤袜的热潮。雪菲德公司就是在市场调研结果中捕捉到极具潜效益的机遇，从市场的空白领域入手，最终奠定了该公司在裤袜市场的新地位。

做别人想不到的事，才能在竞争中脱颖而出。但事实上，有不少企业不是在“别人想不到”的地方动脑筋，而是在众人都能想到、大家都在做的市场上“跟风”，“别人出什么产品，我也出什么产品”，于是就出现了“趋同竞争”，进而导致“众败俱伤”的恶果。

事实表明，一个企业只有做到“别人想不到，我却做得到”，源源不断地推出与众不同的技术和产品，才能在潜在的市场上拓展竞争空间，获得客户的认可，为企业的持续发展打下坚实的基础。可以说，这是在激烈的市场竞争中取胜的一条捷径。

第九章 紧跟“互联网+”时代，从客户中来到客户中去

互联网已经渗透到各行各业，给各行各业带来了深刻的改变。“互联网+”就是“互联网+各个传统行业”，但这并不是简单的两者相加，而是利用信息通信技术及互联网平台，让互联网与传统行业进行深度融合，创造新的发展生态。我们也要紧跟“互联网+”时代，从客户中来到客户中去，以客户为中心做好一切工作。

1. “互联网＋”时代，一切以客户为中心

如今，在不知不觉之间，“互联网＋”的触角已经无处不在，“互联网＋”已经深入到我们每一天细小琐碎的生活中。从“今天你抢红包了吗”“今天你淘宝了吗”“今天你购了吗”等网络流行语，到我们每天都会用到的，能带给我们无限便利的点餐、导航、叫车、网络支付、微信红包等互联网服务，映射的正是互联网对传统产业的无限渗透，是“互联网＋”时代的滚滚大潮。

2015年，各级政府纷纷制订“互联网＋”行动计划，并由此掀起了中国上下轰轰烈烈的“互联网＋”行动的热潮。那么，究竟什么是“互联网＋”？

对于“互联网＋”的概念，有很多不同的解读、阐释。“互联网＋”一般指把互联网的创新成果与经济社会各领域深度融合，推动技术进步、效率提升和组织变革，提升实体经济创新力和生产力，形成广泛的以互联网为基础设施和创新要素的经济社会发展新形态。

腾讯给的定义是：“互联网＋”是以互联网平台为基础，利用信息通信技术与各行业的跨界融合，推动产业转型升级，并不断创造出新产品、新业务与新模式，构建连接一切的新生态。

阿里巴巴给的定义是：“互联网＋”是以互联网为主的一整套信息技术（包括移动互联网、云计算、大数据技术等）在经济、社会生活

各部门的扩散应用过程。

综合这些不同版本的概念，所谓“互联网+”，就是把互联网的工具运用到其他的行业中去，让所有的行业都与互联网紧密结合，从而大幅提升效率。

“互联网+”时代，客户遍布世界各地，竞争对手也来自全球，如何利用互联网技术手段有效拓展潜在客户、维护已有客户，同时避免竞争对手威胁，这是每一家企业和员工都必须面对的时代挑战与机遇！

微软最早开发的一款在线聊天软件MSN曾风光无限。它的用户界面及全球性等特征都成为中国网友特别是白领的首选，也成为互联网免费时代的身份体现。那时中国的小企鹅QQ刚刚开始，一个国外顶级品牌和一个国内品牌的PK战显得实力悬殊。但很快，互联网时代不再以品牌论英雄，不断满足用户体验变成真正的核心竞争力。

2002年，当时唐骏是微软中国总裁，一份市场调查报告称，MSN在中国的即时通信市场份额正在被QQ侵吞，而且QQ的市场增长十分迅速。报告还指出，QQ的独特功能“可以和陌生人聊天”是侵吞市场份额的主要原因，这个功能符合中国人的个性，更符合互联网用户的需求。

唐骏立刻向微软总部递交报告，强烈建议在MSN中增加“与陌生人聊天”“离线留言”等功能。如果不增加这些功能，MSN在未来和腾讯QQ的竞争中将会失败。报告讲述了互联网和产品的区别：产品是不断提供新的功能去引导用户，而互联网是不断满足用户的需求。

唐骏以为能说服微软总部，结果证明他错了。微软总部不同意的理由很简单：第一，全球产品一体化是公司的战略，不可更改；第二，如果要为中国改变，除非能在中国地区保证大量的收费客户。

微软这一决定的直接后果就是MSN曾经的地盘完全被QQ侵吞殆尽，时至今日，曾经的MSN用户早已忘却了这个曾经的领地，而对新一代的许多网民而言，MSN是什么软件更是茫然不知。就这样，高傲的、只为公司的战略、不为用户着想的MSN灰溜溜地淡出了人们的视线。而QQ，一路高歌猛进，已经吸纳了超过8亿人的用户，使腾讯成为全球即时通信的真正“大佬”。

“互联网+”时代，客户有了更多的发言权，更有了更多选择权，于是商家、消费者之间形成了相对平等、自由的关系。“上帝”的名字也从“客户”转变为“用户”。因此，“互联网+”时代，一切商业生态都发生了根本性的转变。以前被众多企业奉为商业圭臬的重要经验甚至秘密大招全都成了过眼云烟，什么渠道为王、技术为王、设计为王、营销为王、产品为王，通通不管用了。在“互联网+”时代，用户为王，一切围绕用户，一切为用户服务，用户需要什么，就提供给用户什么，这才是制胜的法宝。

“互联网+”时代不应当发展客户而应当发展用户。客户一般来说只求一单子买卖，做完就“拜拜”了。用户会希望一直用你的产品，那样你就会真正去考虑用户的需求是什么，给用户提供更好的体验。因此，在“互联网+”时代，我们要树立用户至高无上的理念，一切以用户为中心，想用户之所想，急用户之所急，用户需要什么就制造什么。只有完完全全从用户的角度来思考问题，给用户最好的体验、最完美的服务，才能获得企业的长足发展和产品的持久生命力。

2. 用大数据预测客户需求

人们做各种预测，包括投资分析、球赛结果预测，甚至奥斯卡奖项的预测，都是建立在对过去数据的统计结果进行分析进而做出预测，但是，在过去，受技术、硬件等条件的限制，我们很难保存大量的数据，因而可分析的数据总是有限的。随着科技的发展，以往数据的存储变得越来越容易而且量变得越来越大、可存储的时间也越来越长，于是便出现了一个新词——大数据。

互联网带给这个世界最巨大的变化之一，就是把世界上的一切都变成了数据。在网络中自由穿行、带给这个世界天翻地覆变化的，正是这些数据。数据是互联网时代最大的资产、资源和资本。在全新的“互联网+”时代，数据流统领着一切，谁拥有了数据，谁就拥有了一切！

正如有人说过的那样，在互联网上四处流动的不是血液，也不是牛奶，而是一个一个由0和1组成的数字，庞大的数字形成了数据流，数据流构成了互联网。百度连接了信息与读者，阿里巴巴连接了商品与消费者，腾讯连接了人与人。BAT——百度公司（Baidu）、阿里巴巴集团（Alibaba）、腾讯公司（Tencent）——所有的连接都是建立在数据基础之上的，可以认为大数据连接了一切。数据连接了消费者和商家，连接了客户习惯，连接了客户喜好，连接了位置，连接了时间和空间，连接了历史和现在。所以，数据才是互联网的本质特征，才是互联网上最大的资产，才是互联网真正的意义所在，价值所在。

毋庸置疑，大数据已成为最热门的商业词汇，在谷歌上（Google）一搜“大数据”，可获得6520万个结果。在企业中，我们也发现越来越多的公司开始重视大数据。过去，我们通过前期市场调研、与客户交流沟通、发调查问卷来洞察客户需求。今天，越来越多的企业在使用大数据洞察并分析客户的实际需求，研究发现其准确性、针对性更高。

塔吉特百货是美国的第二大超市。一名男子闯入塔吉特的店铺，愤怒地指责超市不应当给他 17 岁的女儿发婴儿尿片和童车的优惠券。店铺经理觉得肯定是中间某个环节搞错了，于是立刻向来者道歉，并极力解释说："那肯定是个误会。"

但调查的结果显示，塔吉特确实给他的女儿寄送了婴儿尿布和优惠券，因为从他们的数据分析上来看，他的女儿确实是怀孕了。果然，一个月后，那位父亲非常沮丧地打来电话道歉，因为塔吉特的广告并没有发错，他发现他女儿的确怀孕了。

在这名男子自己都还没有发觉的时候，塔吉特百货居然就已经知道他女儿怀孕了，为什么呢？因为塔吉特百货的数据分析。

孕妇对零售商来说是一个含金量很高的客户群体，商家都希望尽早发现怀孕的女性，并掌控她们的消费。塔吉特的统计师们通过对孕妇的消费习惯进行一次次的测试和数据分析得出一些非常有用的结论：孕妇在怀孕前 3 个月过后会购买大量无味的润肤露；有时在前 20 周，孕妇会补充如钙、镁、锌等营养素；许多客户会购买肥皂和棉球，但当有人除了购买肥皂和毛巾以外，还突然开始大量采购无味肥皂和特大包装的棉球时，说明她们的预产期要来临。据此，超市会精准地选出其中的 25 种商品，对这 25 种商品进行同步分析，基本上可以判断出哪些客户是孕妇，甚至还可以进一步估算出她们的预产期，在最恰当的时候给她们寄去最符合她们需要的优惠券，满足她们最实际的需求。这就是塔吉特百货能够清楚地知道客户预产期的原因。

塔吉特百货根据自己的数据分析结果，制订了全新的广告营销方案，而它的孕期用品销售呈现了爆炸式的增长。塔吉特百货将这项分析技术向其他各分店客户群推广，取得了非常好的效果，从2002年到2010年，其销售额从440亿美元增长到670亿美元。这家成立于1961年的零售商能有今天的成功，数据分析功不可没。

当然，塔吉特百货运用数据还处于数据分析的原始阶段。在今天互联网信息大爆发和海量信息和数据的前提下，利用计算机来收集和分析数据必然会比这样得来的数据更大、更多，也更精准。不过这个案例揭开了数据里面的秘密。企业可以利用掌握的数据进行相关性促销，进而利用事物的相关性预测消费者的消费活动。这就是数据的意义，这就是为什么大家都对数据如此感兴趣的原因之一。因为数据里包含了无尽的信息。通过它认识产品特性、了解客户需求、优化营销、改善产品，数据的这些价值正是它被各方追逐的原因。

麦肯锡预测，使用大数据将支持新一波的生产力增长和消费者剩余。挖掘到数据价值将是最有价值的竞争优势。能够充分利用数据的企业将有可能占据先机，不重视数据资产并忽视大数据的企业将逐步落后。如今越来越多的企业意识到数据资产的重要性，踏上了挖掘数据价值的旅程。时至今日，互联网上庞大的数据越来越受到大家的重视，数据就是资产的理念也已经深入人心。在今天，在互联网时代，数据与房产、资金、股票一样，是最重要的资产。这已经成为大家的共识。

全球第二大食品公司卡夫公司澳大利亚分公司，透过大数据分析工具对10亿条社交网站帖子、50万条论坛讨论内容进行抓取分析，发现大家对于维吉酱讨论的焦点不是口味和包装，而是涂抹在烤面包以外的各种吃法。调查人员最终分析出消费者购买的三个关注点：健康、素食主义和食品安全，并发现叶酸对孕妇尤其重要。于是卡夫针对这些信息进行营销，打开了孕妇消费者市场，维吉酱销售额大幅增加，创造了该产品的历史最高纪录。

互联网上时时产生数据，处处皆数据，数据产生于各行各业，大数据概念提出后，人们发现自己手中的数据不再毫无用处，通过强大的技术手段，无形的数据可转化为有形资产。随着互联网技术的不断发展，数据本身就是资产已经成为共识。数据是资产，更是资源。数据成为企业竞争力和社会发展的重要资源，未来的世界，将会是数据的时代，谁享有的数据资产多，谁就有更大的竞争优势。谁拥有了足够多的数据，谁就能飞速发展，谁就会拥有未来。企业要想在激烈竞争环境下凸显其竞争力，捕捉客户需求要精确到个体，依据个体需求来提供定制化服务。大数据为这样的个性化服务提供了关键支持。

3. 培养“粉丝”用户，获得客户的认同

在“互联网+”时代，拥有“粉丝”群体的企业蕴含着巨大的经济能量。培养大量的“粉丝”，让他们喜欢企业，喜欢产品，其效果远远超过做广告或是请明星做公关。在用户至上的时代，用户最有发言权，要是某一种产品得到用户的喜欢，并心甘情愿地成为这款产品的“粉丝”，那么，就不需要任何理由了。这就是“粉丝”经济的最大特征。如今很多著名的企业都已是“粉丝”经济的大赢家，他们将客户都变成“粉丝”，与客户保持紧密的联系，同时还在让更多的“粉丝”转变成忠诚客户。

“粉丝”经济，就是由“粉丝”带来的一种经济现象，泛指架构在

“粉丝”和被关注者关系之上的经营性创收行为，被关注者多为明星、偶像和行业名人等。《粉丝力量大》一书的作者张蔷对“粉丝”经济的定义为：“‘粉丝’经济以情绪资本为核心，以‘粉丝’社区为营销手段增值情绪资本。‘粉丝’经济以消费者为主角，由消费者主导营销手段，从消费者的情感出发，企业借力使力，达到为品牌与偶像增值情绪资本的目的。”

简单地说，“粉丝”经济就是在“粉丝”群之下的经济，由“粉丝”创造出来的价值和利润。因为“粉丝”的支持和拥护，产品就会保持持续的活力和销路，甚至会爆发出传统商业时代不可能有的商业奇迹。最典型、最有说服力的案例就是苹果和小米。

苹果公司无论是企业品牌，还是旗下的 iPhone、iPad 品牌早已深入人心，苹果是拥有“粉丝”最多的 IT 企业，苹果也是经营“粉丝”最为成功的企业。国外媒体曾报道，iPhone2 问世前曾有一项关于消费者的调查，有很多苹果“粉丝”就表示，不管下一代 iPhone 拥有什么特性，他们都会坚决购买这款新机。从 iPhone1 到 iPhone6，只要 iPhone 一来，必然刮起一股强烈的“抢购风”，每次的预订都会掀起狂潮，在 2014 年 9 月 11 日苹果公司推出 iPhone 6、iPhone 6 Plus 等新一代产品时，预订狂潮瞬间挤爆了苹果官网，发售当日，犹如长龙的排队购机大军更是让人惊叹不已，至于疯抢画面更是让人印象深刻。

作为“粉丝”经济的集大成者，苹果一直以来都强调品牌的个性与品位，成功将苹果两字与高端、极致等词联系在一起，从而促成了“粉丝”们对于自身的价值认可——也就是拥有苹果，绝非仅仅是使用一部手机，而是某种生活品位的暗示。

在国内企业中，小米无疑是培育“粉丝”并且依靠“粉丝”发展最典型、最有成效的公司。“粉丝”应该是小米最为得意的作品，远远超过一部手机、一台电视。因为在很大程度上来说，小米的成功，正是因为小米拥有数量庞大的“粉丝”，小米创始人雷军经常挂在嘴边的一句话就是“因为‘粉丝’，所以小米”，真实地说明了“粉丝”对小米成长的重要性。可以说，小米的每一步都是因为有“粉丝”的参与和支持才得以成功的。例如，2011 年9 月5 日，小米手机正式开放网络预订，34 个小时预定 30 万部；2012 年 10 月 30 日，小米 M2 手机网络发售，首轮5 万台在2 分51 秒内被抢购一空。2013 年4 月9 日，小米连续发布四款新品，当晚8 点，20 万台小米 2S 开放购买，在2 分钟内售罄。作为小米的用户和品牌传播的核心，“粉丝”显然是小米成功的关键。作为手机或者说硬件终端的互联网营销先锋，小米的“粉丝”经济无疑给传统厂商上了一课。“粉丝”成为推动小米成功的巨大动力。深谙互联网精神的小米凭借“粉丝”营销迅速崛起。

所以，作为一名员工，在工作中或是开发、设计、销售、维护一款产品的时候，重视发展“粉丝”，相当重要。那么，如何赢得“粉丝”？如何把普通的用户变成“粉丝”呢？抓住客户心理，得到用户的认同无疑是第一步。对企业来说，“粉丝”的定义应该是：认同产品，认同公司及品牌，并乐于向他人传播品牌正面信息的人群。显而易见，首先是认同产品。因此，培养品牌“粉丝”首先需要围绕产品做工作。只有得到用户的认同，用户才会喜欢，喜欢才会追捧，追捧才会热爱，热爱才会忠诚，忠诚到极致。所以，得到用户的认同，是非常关键的。

4. 精益求精，打造极致体验的产品

在“互联网 +”时代，“将用户体验做到极致”，这是每一个企业

在初期吸引用户的法宝。对大多数成功的产品而言，前提都必须投入大量的人力、物力、财力，暂且抛开盈利不计，但一定要提升用户体验。就像雷军说的，极致就是做到你能力的极限。这样，你给用户的就是最好的，用户才会信任你，支持你，追捧你，你的产品才能占得一席之地。

在一次演讲中，雷军讲述了他如何花了两年时间只为寻找一张壁纸的故事：

为 MIUI（小米公司旗下基于 Android 系统深度优化、定制、开发的第三方手机操作系统）找一张壁纸，我们看了接近 100 万张照片，我们甚至开发了一个软件，专门挑选壁纸。然后发现找一张好壁纸很难，因为最好的壁纸是要放到锁屏里面好看，放到壁纸里跟图表不打架，还要有意义，有细节，还要 90% 人喜欢，没有人反对、反感。

这样的壁纸实在是太难找了，不信大家把自己的 iPhone 打开来看一下，能用的就那张水波纹还可以，其他的，都不可以；而 Windows 里面，除了星空能用，别的都不能用。

我们曾发动人民群众找壁纸，用 10 万元征壁纸，每张 1 万元，共征集了 45000 张，然后他们花了一通宵时间都看完了，给我挑了 10 张，说这 10 张挺好，我看完后跟他们说一张都不行。找到好的壁纸，就跟投到好项目一样困难。

怎么解决这个问题？我逼着我们所有的设计师去画壁纸，反正过去的 8 个月，我把所有的设计师都逼疯了。最后画了 5 张壁纸，其实不错，但跟我的要求相比还是有差距。我曾夸下海口，如果谁能做出比这 5 张壁纸更好的图，我们承诺 100 万元人民币买一张壁纸。

我大概花了 10 分钟讲过去两年做壁纸这件事情，想跟大家表达的是，你是不是真的在你的产品上花了这么大力气，如果你没有的话，用户是看得见的。

从这个小故事中我们可以看到，真正好的产品绝对是经过精工雕琢、精打细磨出来的，真正优秀的企业绝对是一丝不苟、精益求精发展的。奇迹的发生绝不是靠运气或是机遇，关键还是靠扎扎实实的内功。只有认认真真把产品做到极致，做到最好，做到超越用户的期望，才是好产品，才有好市场，才能在互联网时代赢得好的口碑和好的发展。

阿芙精油是知名的淘宝品牌。2006 年，阿芙成立，开始仅做线下。2009 年 9 月 11 日，阿芙“触网”。2011 年，阿芙做到精油品类全网第一，销量超过第二至十名的总和，真正的精油护肤领先品牌。自 2009 年“上网”以来，阿芙精油就成了淘宝的经典案例，雕爷孟醒也因他独特的个性吸引了不少关注，牛腩、美甲也是做得风生水起。孟醒分享他的经验就是精益求精的服务，就是把事情做到极致的态度。

在阿芙精油办公基地，客服团队的工位上方有大幅海报，一句长长的标语是：“客户是我们的衣食父母，他们有时候任性、调皮、小小霸道，但依然是我们的亲人……所以即使私下里，也不应该有任何不敬！要 120% 的热情来爱她们！客户撒娇的时候，就让我们满怀爱意，笑着容纳吧！”

阿芙的客户服务人员 24 小时轮班上岗，对客户的问题第一时间回应，即使半夜有客户咨询也是如此。所有客服专门配置了 ThinkPad 小线帽笔记本，原因是这种小线帽笔记本切换窗口更方便、快捷、可以让消费者少等几秒。除了解答产品咨询，还主动关心客户，与客户谈心、聊家常。所有客户按不同偏好被分成“重口味”组、“小清新”组、“疯癫”组、“淑女”组等以便进行沟通。

阿芙内部设有“CSO”，即首席惊喜官，每天在用户留言中寻找潜在的销售员或专家，找到之后会给对方寄出包裹，为这个可能的“意见领袖”制造惊喜。

在“互联网 +”时代，如果产品做不了第一，就会活得很艰难，甚至会消亡得很快。无论是哪个产品，只有做到第一才有生存的肥沃土地，排在第二、第三，都只能遭受排挤。哪怕你是“大佬”，也没有人在乎。用户在乎的是自己的体验，是最享受的服务和最舒适的感受，而不在乎你有多强壮、多大牌。但同时，这也成为“互联网 +”时代的无限商机，因为这样的用户和市场，给很多新生的品牌、敢于也乐于做到极致的新兴产品创造了无限的机会。只要你的产品是用户所需要的产品，只要你向着第一的目标不断改进产品性能，优化用户体验，哪怕你今天刚起步，也一样有获得第一名的机会！

5. 专注客户，树立自己的专属标签

“互联网 +”时代，社会分工更加精细，人们的需求也更加多样化。沉下心来，专注于某一件产品来做，不求高大全，只求小而精，只把想做的、该做的、对用户有用的、能给用户最好体验的产品，认认真真做好，做扎实、做到极致、做到最好，也一样可以成为最出彩的企业，一样可以做出不凡的业绩来。

今天在这个行业浅尝辄止，明天去那个行业学点皮毛，就像是猴子掰玉米，掰一个丢一个，这样做无疑是在浪费自己之前的所有努力。做事成功的关键，就是专注。只有用心、专注、一心一意，才能真正做好工作。专注是一种态度、一种行为、一种精神、一种结果，更是一种

境界。

安徽三只松鼠电子商务有限公司成立于2012年，是一家以坚果、干果、茶叶等森林食品的研发、分装及网络自有B2C品牌销售的现代化新型企业。先后获得IDG的150万美元A轮天使投资和今日资本的600万美元B轮投资。其发展速度之快创造了中国电子商务历史上的一个奇迹。在2012年天猫“双十一”大促销中，成立刚刚4个多月的“三只松鼠”当日成交近800万元，一举夺得坚果零食类目冠军宝座。2013年的坚果销售额超过3亿元，其中仅“双十一”一天收入3562万元，位居天猫坚果类目销售第一。2015年上半年成交量达到12亿元，下半年仅“双十一”这天九个小时成交量1.3亿元。三只松鼠已经成为一家实力雄厚的互联网电商食品领导品牌。“三只松鼠”最鲜明的标签，就是卖袋装坚果。

三只松鼠从创新的使用开箱器、果壳袋、湿巾到称呼客户为主人，从简单易记忆的品牌名字到萌意十足的动漫标志，从每个员工都只叫鼠××到装修着大树池塘的办公室，三只松鼠的每一个举动都在用互联网思维去引发客户好评，也一直在向客户强化自己的互联网公司的形象，打造了自己的第一个标签——只做线上交易的互联网电商品牌。

三只松鼠用鲜明的袋装特色打造了另一个鲜明的特色——坚果不论斤卖，而是论袋卖。因为三只松鼠的周到服务和贴心的小物件，使用户得到的体验超越以前。以至于给所有用户植入了一个全新的理念：坚果就是要论袋买的。

三只松鼠把专注也做到了极致。三只松鼠每一只都有名字，一只叫鼠小酷，一只叫鼠小美，一只叫鼠小贱，三只小松鼠各有各的专属标签。小酷卖坚果，小美卖茶类，小贱则卖各种休闲零食。这样的标签算得上专注了。

“互联网+”时代的产品，都有非常明显的专属标签，其目的当然是为了能让用户更好地识别，也是为了更方便地查找到自己的企业和产品。就像现在一些传媒公司包装歌手或是演艺人员一样，或许他不是唱得最好的或是最漂亮、最有才华的，但一定是最有特色的。唱歌要求声音的辨识度高，如果只会模仿别人或是和某些大明星很像、没有自己的特色的歌手，很难被他们相中；演员也是一样，不要某某第二，而是独特的、有味道的、不一样的你。互联网标签思维在这一点上与传媒公司一模一样——要有自己独特的定位，有自己不一样的特色，有自己的专属标签。

在“互联网+”时代，你的企业越有特色，你对产品和服务投入得越专注，你的产品就会越专业，就会越有吸引力。而这种专业，是从专注而来的。我们常常说，专注才能专业，因为专注于心，才能超级专业。其实在每一个领域，都是这样的，专注才会专业，专业才会成功。越专业的产品越有吸引力，越能得到用户的喜欢和热捧。百度的搜索、腾讯的通信、阿里巴巴的电商、雕爷的牛腩、奇虎360的杀毒软件、小米的手机……这些耳熟能详的产品，都有着非同一般的专业背景。能力有大小，术业有专攻。研发能力再强的企业，如果把精力分散在很多项目中，就无法做到专注，其结果肯定远远不如那些把所有的力量都集中于某一两个项目中的企业成功的概率大。就跟那些看起来或许算不上聪慧但却认真专注的成功者一样，他们的秘诀就是有着非凡的认真专注的工作精神，认清目标，集中全力，不彷徨，不迟疑，坚持到底，成功一定会到来。

6. 与互联网客户一起创新，一起成长

创新就是帮客户创造价值。“互联网＋”时代，变革和创新依然是互联网发展的核心和重点。“互联网＋”实际上是互联网发展的新形态、新业态，是知识社会创新2.0推动下的互联网形态演进，是包括物联网、云计算、社会计算、大数据等新一代的网络技术形态，并进一步推动了用户创新、开放创新、大众创新、协同创新为特点的“万众创新”时代。

互联网从诞生之日起，就天生带着创新的基因——因为它本身就是人类伟大创新的产品。一部互联网的发展史其实就是一部不折不扣的创新史。互联网思维就是要敢于创新，敢于革命，敢于颠覆，敢于破坏，敢于打破一切旧有的规则，敢于重构全新的秩序。创新才能革命，创新才能进步，创新才能保持持续的活力，创新才能让互联网一直前行，永不停步。

在中国互联网发展的20年中，互联网与广告、零售、银行、通信等传统行业的结合，造就了百度、阿里巴巴、京东、支付宝、腾讯等互联网优秀企业的同时，也为中国的经济转型升级提供了新路径和宝贵的经验。通过这些经验我们能够发现，“互联网＋”的本质就是互联网的跨界、融合、颠覆和重构的过程，颠覆传统、重构秩序的一种新思路、新方法，是社会发展到一定规模后，在互联网新形势下的一种重生、革命。而推动这一过程中最为核心的东西就是创新。

2000年，百度完成了第一版的搜索引擎，功能已经相当强大，超过市面上的其他搜索产品。但很显然这绝对算不上是一款完美的产品。当时的开发人员对把这版搜索引擎推向市场

有些犹豫，百度的几位创始人也心中打鼓，犹豫不决，各有想法，意见很不统一。最后还是李彦宏拍板上市。

"你怎么知道如何把这个产品设计成最好的呢？只有让用户尽快去使用它。既然大家对这版产品有信心，在基本的产品功能上我们有竞争优势，就应该抓住时机尽快将产品推向市场，真正完善它的人将是用户。他们会告诉你喜欢哪里不喜欢哪里，知道了他们的想法，我们就迅速改，改了一百次之后，肯定就是个非常好的产品了。"李彦宏说，"所以，这个过程中不怕走弯路，但重要的是早一天面对用户就意味着离正确的结果更近一步。"

果然，由于功能强大，上线后的百度新产品受到用户的普遍欢迎。反馈回来的用户习惯、意见和改进的建议，使研发团队更清楚了用户需求，明确了改进的方向，技术部集中力量进行了一轮又一轮的攻关改进，一周之内，功能上已经进行了上百次更新，功能更加完善。

因此，在"互联网+"服务中，我们要让用户积极参与产品设计与创新。互联网时代，消费者选择产品或服务的决策心理已经发生了巨大的转变，他们对产品和服务的需求不再停留于功能层面，更想借此表达自己的情感，渴望参与到供应链上游活动（如采购、设计甚至制造）的决策。因此，真正的用户参与就是与用户积极友爱互动，真诚沟通，融入用户当中，和用户打成一片，把用户当成朋友，让用户参与产品设计与创新。

那么，怎样让用户积极主动地参与到产品设计中呢？怎么让他们觉得这款产品与他们息息相关，不提意见、不去测评就不行呢？有一个比较有效的办法，就是让用户作为产品设计团队的一部分，来参与产品设计。

例如，腾讯在2008年UPA会议的时候，提过全民CE（用户参与）的口号，腾讯在这方面也进行了深入的探索。CE用户的日常工作，以各类测试工作为主，并可积极参与新内容发布后的用户体验测评，协助项目完善，并完成各类临时布置的测评任务。CE用户是由论坛上较核心的用户组成的一个团队，采用按劳取酬，多做多得的积分薪酬体系，因此CE用户应该积极参与测评，反馈使用体验并指出存在的问题。

在产品创意阶段，开放式的用户参与设计方法主要有征集想法、用户发起投票等。产品研发阶段：开放式的用户参与设计方法可以有功能细节外包、各体验层次设计等。产品测试阶段则是通过邀请机制，组织内测团成员，提供内测反馈意见接口。这样一来，无论在哪个阶段切入的用户，他们都是免费的研发工程师。我们可以让参与用户有动力定期发布测评、提交使用体验、反馈意见等，他们还可以组织普通用户进行一些活动，批准用户加入组织，给予用户身份升级等。总之，好的产品，设计人员、开发人员、美工人员都只是其中的一个环节，用户才是他们的衣食父母，只有让用户真正的从头参与进来，才可能做出最符合他们心意的产品。因此，在业务价值链中把做产品、做服务、做品牌、做销售的过程开放，让用户参与进来，并在业务价值链各个环节中做到全员客服，我们能更好地服务用户，形成企业与用户良性互动的关系，一起成长。

7. 重视信息安全，保护客户秘密

随着网络应用的不断发展和深入，世界正变得更“平”、更“小”，与此同时，身处其中的企业却面临着各种严峻的信息安全挑战。根据国际标准化组织的定义，信息安全性的含义主要是指信息的完整性、可用性、保密性和可靠性。信息安全是任何国家、政府、部门、行业都必须十分重视的问题，是一个不容忽视的国家安全战略问题。

对企业来说，信息安全就是商业机密泄露的问题。商业机密是指不为公众知悉，能为企业带来经济利益，具有实用性并经企业采取保密措施的技术信息和经营信息；内容包含产品设计图纸、财会报表、销售报表、流程、产品配方、制作工艺、制作方法、管理诀窍、客户资料、货源情报、产销策略、招投标中的标底及标书内容等信息。

小苏是一家公司的客户经理，她每天的工作和众多的公司白领没有什么大的区别，早晨到公司打开计算机，她的计算机设有开机密码，当然这个密码没有人知道，并且她会及时更换密码，公司的客户文档同样设了密码，并且都有备份。在办公室，她有一个专用的移动硬盘，里面有着每份文件的备份，每次使用后，她都会把硬盘锁好，收好钥匙才会离开。一旦她要离开办公桌，都会将计算机上锁。上班时间里，小苏从不会浏览一些无用的网站，或者点击一些不明来历的链接，因此她的计算机是全公司最“健康”的计算机，很少被病毒侵袭。有人问小苏：“干吗成天这么小心翼翼的，搞得神经兮兮的，很多人不像你这样，一样没出过问题啊。”小苏答：“一旦出问题，一切都晚了，损失是我无法弥补的，所以我要养成好的信息安全习惯。”

这是一个信息就可以左右企业成败的时代。这个信息在自己手里是王牌，在对手手里是“炸弹”。如此重要的信息，必须高度重视。飞速发展的互联网业在给社会和公众创造效益、带来方便的同时，其系统的漏洞和网络的开放性也给国家的经济建设和人们的社会生活带来了负面影响，如病毒侵袭、网络欺诈、信息污染、黑客攻击等问题更是给用户带来了困扰和危害。面对种种潜在的信息泄露“危机”，建立一个完善的信息安全机制是必不可少的，这样才能保障信息安全。

2014 年年底，某公司的财务人员小王在 QQ 上收到公司老板张总的消息。张总询问了小王公司账户的数额，随后发给他一个账号，要求小王将 96 万元工程款打入此账户。

小王去银行汇完款，回到公司正好碰到张总，就告诉张总，那笔工程款已经汇去了。张总纳闷，自己并没有让小王汇款啊！这时两人突然意识到遇到了骗子，便立即报警。

由于报警及时，警方马上冻结了骗子账户上的 30 万元。专案组经过两个多月的调查，抓获了犯罪嫌疑人，同时追回 10 万余元被骗款项。然而剩余的 50 余万元，早已被取走。

案发后，小王将自己的笔记本电脑拿到公安部门检查，警察发现，在小王的 QQ 邮箱里有一封携带病毒的陌生邮件，正是它盗取了小王的 QQ 信息。骗子顺利登录小王的 QQ，经过观察，找到了公司老板张总的 QQ 号。删掉张总的号，同时添加了一个和他 QQ 头像、昵称等完全一样的 QQ 号。就这样，骗子轻而易举骗取了 96 万元。

信息技术的迅猛发展正在改变着人们的生活，合理使用先进的信息技术使人们更好地利用信息的价值。然而，开放的网络是信息的主要承载体，人们在享受着它带来的便利的同时，非法利用信息技术和网络带来了信息安全问题，开始感受到信息安全所带来的巨大威胁。对此，我们要增强员工的信息安全意识，确保信息防御措施的落实到位。

某单位的安全管理人员在例行的日常保密检查工作中，对涉密信息系统进行例行检查后，及时发现了诸多违规问题并对这些问题一一整改，使得日常保密检查工作真正起到了作用。

一次，检查人员对涉密计算机进行常规检查时发现有一台计算机的操作系统安装时间是2012年5月8日，最后一次口令更改时间是2012年6月8日，不满足涉密信息系统口令更改的周期要求，同时发现该台计算机的操作系统为Windows XP系统，不满足涉密信息系统的管理要求，责令该计算机的使用人员和维护人员当场整改。

还有一次，检查人员检查财务部的一台涉密笔记本电脑时，只发现了三条登记U盘的使用信息，表面看该涉密笔记本电脑U盘使用较为规范，但是利用“上网强力搜索工具”对系统盘进行搜索时发现该涉密笔记本电脑2011年4月19日曾通过USB口导入89张数码相片，经询问，该笔记本电脑曾被携带到南方某市参加某部门组织的培训会，会议结束后有人利用该笔记本电脑将数码相机的个人照片导入U盘，在归还笔记本电脑时害怕保密部门检查，在互联网上找到一个USB使用记录清理工具对该笔记本电脑的U盘使用记录进行了清除。此举严重违反了涉密笔记本电脑的使用规定。

重视信息安全才能做好保密工作。在保密工作当中，内部人员很容易出现一些很低级的错误，造成泄密事件，抓好保密责任的教育成了保密工作不可少的课题。其实，信息泄密隐患根深蒂固难以消除，不是缺少手段和资金，而是缺少保密责任意识，缺少维护信息安全的使命感和责任感。有些人对保密工作存在着几种错误认识，如认为保密工作是领导干部、上级机关和机要部门的事，与我们基层员工关系不大。这种思想在基层当中影响不小，可以说具有普遍性。事实上，领导干部、上级机关和机要部门涉密较多，保密责任大，但这并不意味着基层员工无密可保。企业的任务、工作的目标、最新动向等都属于秘密，这些内容对企业内部来讲，似乎没有多少价值，但对竞争对手正是梦寐以求的情报。因此，我们要克服“无密可保、事不关己”的思想，树立“保守秘密，人人有责”的观念。只有增强了全员的信息保密责任意识，才能真正确保保密措施落实到位。